写真馬鹿、
アメリカを
撮る。

国立公園と
野生動物を追いかけて

カズ・タカハシ（高橋和男）

幻冬舎MC

写真馬鹿、アメリカを撮る。

―国立公園と野生動物を追いかけて―

はじめに

皆さん、はじめまして。カメラマンの高橋和男と申します。アメリカではカズ・タカハシと呼ばれていました。出版物などは「カズ・タカハシ」になっています。まず最初に私がアメリカに行く前、日本での経歴を簡単に述べさせていただきたいと思います。

私が生まれたのは昭和23年（１９４８年）で戦後のベビーブームの真っ盛りでした。その頃はどこの家庭も貧しくて、小学校の上級生になるまでは私の家には水道がなくて近くの湧き水から水汲みを兄弟で分担してやっていたことを憶えています。

生家は鹿児島県の北西端に位置する長島です。島ですから本土に渡るのは小さなフェリーしかなく、橋がかかったのは高校を終わり島を出た後だったと記憶しています。島にある農業専門の定時制（４年）の長島高校を卒業して憧れの東京に出ました。しかしながら東京で就職した羽田空港で飛行機に食料を積み下ろしするケータリング会社の仕事はつらい皿洗いの毎日で、しかも就職１年目に車に当て逃げされ３カ月間の入院。仕事も、お金も、友達もなくし、また実家に戻るという地獄を見ました。「こんな惨めな自分ではいけない！」と思いながらもどうしていいかわからないまま、また東京に戻ったある日、立川駅のホームで「自衛官募集」のポスターを見かけ、私は導かれるように入隊しました。20歳でした。自衛隊の訓練は厳しく1人で泣くこともありましたが、しかし交通事故で弱った肉体はみるみる回復し頑強になり、合計6カ月の新隊員教育のあと立川駐屯地にある第101測量大隊という航空写真から地図を制作する部隊に配属され、ここで初めて写真との出会いがありました。ここでの仕事は私を夢中にさせ、そして幸運だったのは、同期で友人になった写真屋の息子の勧めで、2人で飯田橋にあった日本写真学園という写真学校の夜間部に1年間通って、ここで自衛隊とは違う写真の勉強をしたことです。立川から飯田橋まで、勤務が終わってからの夜間の通学は大変でしたが、この努力がこれまで東京に出てから悪いことばかりに悩まされていた自分に大きなチャンスを引き寄せてくれました。ある日中隊長に呼び出されると転属命令を言い渡されたのです。そこは市ヶ谷駐屯地にある第301写真中隊（現第301映像写真中隊）でした。ここは自衛隊の様々なイベントを写真と映像で記録する部隊で、これこそが私が憧れ夢見た写真専門の部隊でした。ここでまた3カ月間写真を基礎から勉強をさせられ、カメラマンという職業が現実となったのでした。自衛隊に救われ、そして生涯にわたり挑戦し続ける写真という課題を与えられたのです。

しかし4年後に後ろ髪を引かれる思いで自衛隊を満期退職してプロのカメラマンを目指したのでしたが、現実はそんなに甘くなく、一時期能登半島で漁師をしながら写真を続け、悪戦苦闘しながら飯田橋の職業安定所に失業保険をもらいに行ったとき、幸運にもスポーツ新聞社のカメラマンの仕事を得ました。25歳でした。「レジャーニューズ」というこの新聞社（現在廃刊）では、スポーツの取材から芸能人のインタビューまでなんでもやらせてもらえました。入社早々編集長に、「君はサラリーマンとしてこの会社に長くいる人間ではなさそうだ。将来フリーでやるつもりだったら写真以外に記事も書く練習をした方がいい」と言われました。私は、この編集長に出会わなかったら今の自分があるかどうかわかりません。新聞社での仕事にも慣れた頃、編集長は芸能人にインタビューして写真と記事の短いコラムを週1回ペースで連載するよう私に義務づけてくれました。私は夢中になりました。雑誌やテレビでしか知らなかった有名人たちが、自分みたいな駆け出しのカメラマンに会ってくれる。驚きと喜びの連続でした。あとでわかったことでしたが、アメリカに来て翌年、父親が亡くなり、身辺整理していた兄から連絡が来て驚いたことがありました。

「君の名前入りの新聞のインタビュー記事がたくさん残っているから送るよ」

あの忌まわしい交通事故で家に帰った私を再び東京へと追い返した父は、後年私が書いた記事と写真とが新聞に掲載されるのを知り、毎週のようにバスとフェリーを乗り継ぎ本土の国鉄の駅の売店でその新聞を買っていたのです。そして切り抜きをたくさん残してくれていました。それを見て私は絶句し、涙が止まりませんでした。

そしてもう一人、父と同じく母への感謝を伝えたいと思います。

　母は、２０１７年4月16日に息を引き取りました。１０５歳でした。その年の初め頃から風邪をこじらせて病院に入院。食事が取れなくなり意識も徐々に遠のいていき、苦しむことはなく眠るように逝ったと兄嫁から電話がありました。覚悟はしていたものの、やはり寂しかった。今になっても、ふと涙が込み上げてくるときがあります。母は看護婦として満州へ行き、そこで軍人の父と出会いました。父は戦争のことは一切話さなかったけれども、母は時折満州から引き揚げてくるときの苦しさを話してくれました。

　戦争で全てを失った父と母は、母の故郷である鹿児島県の長島で第2の人生を始めたのです。その島で私は生まれ育ちました。

　母との特別な思い出が１つあります。前述の、私が当て逃げをされたときのことです。私は頭を強く打って記憶を失っていたのですが、あるとき急に暗闇の中に薄い光明が射してきまし

た。数日後病院のベッドで、母の呼ぶ声が聞こえ、目が覚めたのです。「カズオ起きんかい！カズオ起きんかい！」。全身包帯で巻かれ生死をさまよっていた私ですが、母の呼ぶ声が現世へと呼び戻してくれたのです。母の声が届かなかったら、私はあのまま眠りからさめなかったのでは……と思うことがあります。

母が息を引き取る頃、アメリカに住んでいる私に不思議な現象が現れました。あとで捨てようと庭先に置いていた蘭が蕾を付け、母が亡くなる頃から一輪ほころび始めたのです。私は気になってタイムラプスで写真を撮り始めました。兄嫁からの電話で母の死を知った私は納得がいきました。母が私に最後の挨拶に現れたのかもしれない。こんな小さな母から私は強く大きな体をもらったのだと、母との写真を見るたびに感じます。「母ちゃんありがとう」。

本作品は私の人生の集大成です。少しでも皆さんに臨場感を持って読んでいただけるように、詳細に記したつもりです。いつもひとりぼっちの旅でしたが、アメリカの大自然とそこに暮らす動物たちの姿を浮かべながら読んでいただければ幸いです。

カズ・タカハシ
高橋和男

目次

憧れのニューヨーク

新聞社で働きはじめてから8年になろうとしていた。

その頃からなんとなく仕事に力が入らなくなっていた。スポーツの取材や芸能人へのインタビューは面白かったが、何しろ給料が安かったのである。まともに生活していくためには別のアルバイトをしなければならなかった。定時制高校卒業のボクの給料はあまり仕事のできない大学卒の先輩より遥かに劣っていた。これがとても頭にきていた。そして1年前に旅行で出かけたニューヨークがボクの心の中で大きく広がっていた。英語だってまともに話せないのに、ボクは新聞社をやめてニューヨークに行く決心をした。

１９８３年6月23日、35歳だった。アメリカに永住するなんて考えてもいなかったが、できたら数年この地で写真の勉強をしたい。ボクは飛行機の片道切符を買ってニューヨークにやってきた。あの日ＪＦＫ空港に降り立ったボクのポケットには全財産5千ドルの現金しかなかった。「なんとかなるさ」と心では思ったが、不安は隠せなかった。

最初に訪ねたところは、7番街と37丁目にある日系2世のポートレートとファッションを撮っている日系カメラマンのスタジオだった。その頃ポートレート写真にすごく興味があって、日本から「助手にしてください」と手紙を出したがむげに断られた。それならばと直接スタジオを訪ねたのだ。そんなボクを見て彼は驚き、渋々置いてくれることになった。給料なし、スタジオにある折りたたみのベッドで寝起きして、毎朝の掃除から撮影があればそのアシスタントをしなければならなかった。とにもかくにも念願のニューヨーク生活が始まった。ニューヨークの街は活気があり人が生き生きしていた。いろいろなイベントがあり、ボクは暇さえあれば街に出かけて写真を撮り、記事を添えて日本の雑誌社などに送った。

　そうこうしているうちにスポーツ新聞や雑誌などから仕事が舞い込むようになったのである。運がよかったのはその頃まだ日本人のスポーツカメラマンは少なくて、その一方ゴルフや野球など日本人選手の活躍は著しく、仕事がどんどん入るようになったことだ。その頃はスポーツカメラマンになるつもりはあまりなかったが、生活のためにこちらを選んだ。

　ボクは住まいを写真スタジオから47丁目とブロードウェイにある古いビルの2階のアパートに移した。ニューヨークに来てから約半年、初めて写真で稼いだお金での生活が始まった。幸運だったのはこのビルの1階に「サッポロラーメン」という日本のラーメン屋さんがあったことである。そしてブロードウェイの劇場にも近かったのでタイムズスクエアのチケット売り場で一番安いチケットを買い、いろいろなショーを見て回った。

ニューヨークの生活は刺激的で楽しかった。しかしスポーツカメラマンの仕事が順調になるにつれ、スーツケースとカメラバッグを担いだ旅から旅の生活になり、年間35週はホテル住まいということもあった。ボクは意を決してニューヨークを離れフロリダに引っ越すことにした。しかしいつも思い出すのはあのサッポロラーメンのあるビルの2階の狭いアパートだった。数年前に久しぶりにニューヨークを訪れ、ラーメン屋に立ち寄った。メニューも店内の内装も昔とほとんど同じだった。そして驚いたのはあの頃働いていた日本人のウエーターが今も働いていたことである。今では出世してマネージャーだという。すっかり年寄りジジィになっていたが（自分も同じ）、「らっしゃーい」と聞き覚えのある愛嬌たっぷりの呼び声は変わらなかった。

そこには、若い頃ここのカウンターでラーメンをすすった、35年前の貧しかった自分の姿が重なった。

1983年6月23日、Narita Airport to JFK Airport

国立公園への挑戦

スポーツカメラマンの仕事は一見華やかで若者の憧れの仕事にも映るが、特にゴルフの取材が多かったボクは試合の練習日、予選本選合わせて週に4日以上重いカメラとレンズを担ぎコースを歩き続け、人混みにまみれる仕事で心も体も擦り切れていた。それに新聞社の仕事では締め切り時間があり、まだパソコンのない時代で、ホテルのバスルームでフィルムを現像し電送機を電話線に繋いで送るという今では考えらないような作業をしていた。締め切り前の毎日が時間との闘い、異常なプレッシャーとの闘いでもあった。

そんな生活に疲れ果てたあるとき、イエローストーン国立公園へと旅した。そのとき故郷長島に帰ったようなゆったりした気持ちになった。キラキラと輝く川が流れ、バッファローが草を食み、ゆったりとした時間が流れていた。その動物たちの姿に農業高校で世話していたあの動物たちが蘇ってきた。昔は汚く感じ嫌いだった動物たちが、心の友としての温かい思い出として蘇ってきた。

「こんなアメリカがあったんだ」

それ以来仕事に疲れるといろんな国立公園や野生動物保護区を訪ねるようになった。そして10カ所くらい回ったときに思った。

「全部の国立公園を回って写真を撮ってみよう」

それまでぼんやりと訪れていた国立公園の旅がそのときから自分自身に課したミッション（任務）となった。その頃の国立公園は全部で50カ所ちょっとだったが、クリントン大統領時代に58カ所に増えた（２０２４年現在63カ所）。

地図の上で旅するのは簡単だが、実際国立公園はアメリカ本土以外に、ハワイやサモア島、ヴァージン諸島などにもある。そしてアラスカには交通機関がなく、水上機で運んでもらいそこでキャンプしなければならないところもあった。

金銭的にも苦しかった。スポーツの取材で稼いだお金はほとんど新しい旅に消えていった。

1985年、マイク・タイソンが世界王者となる1年前、ニューヨーク・キャツキルの道場へ取材に行き以後友人となった

しかし精神的には充実していくのがわかった。そして写真にも変化が出てきた。初めの頃憧れで見ていた有名カメラマンの写真集がそんなに眩しくなくなってきた。

「ボクだったらこう撮る?」と。

PGA マスターズトーナメントにて

訪れた国立公園マップ

セロン野生動物保護区
チャーチル
ワプスク国立公園
ウォータートン・グレイシャー国際平和公園
イエローストーン＆グランドティトン国立公園
ビンス・シューティー野生動物保護区
マドレーヌ諸島
アイル・
ロイヤル国立公園
ウインドケーブ国立公園、
カスター州立公園
アーカディア国立公園
アーチーズ国立公園
キャニオン・デ・シェイ国定公園
グレート・スモーキー山脈国立公園
ホットスプリングス国立公園
クリスタル・リバー野生動物保護地区
エバーグレーズ国立公園
ビッグベンド国立公園
モニュメントバレー・ナバホ・トライバル・パーク
チリカワ国定公園
ヴァージン諸島国立公園
グランドキャニオン国立公園

訪れた国立公園マップ

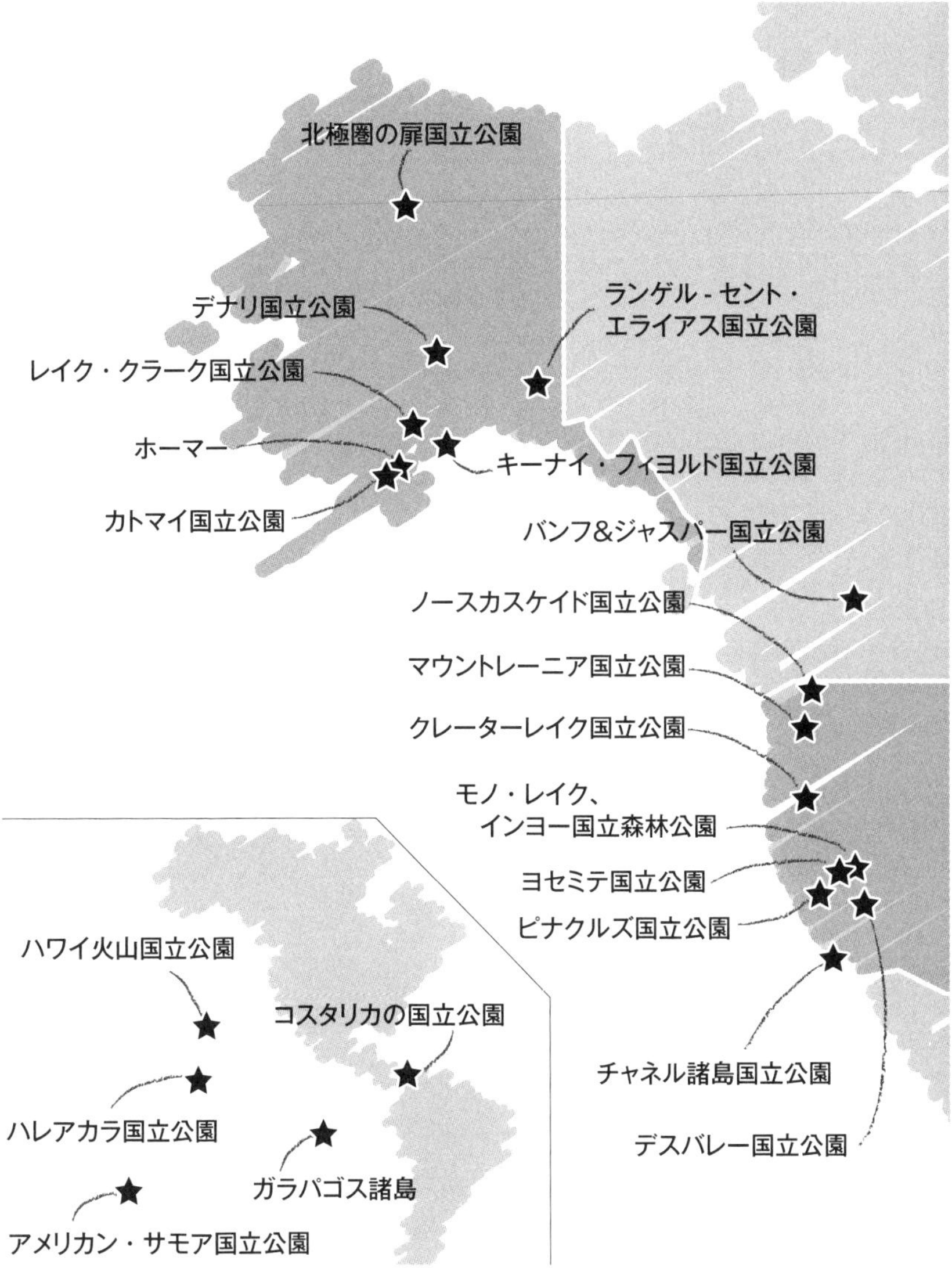
北極圏の扉国立公園
デナリ国立公園
ランゲル - セント・
エライアス国立公園
レイク・クラーク国立公園
ホーマー
キーナイ・フィヨルド国立公園
カトマイ国立公園
バンフ&ジャスパー国立公園
ノースカスケイド国立公園
マウントレーニア国立公園
クレーターレイク国立公園
モノ・レイク、
インヨー国立森林公園
ヨセミテ国立公園
ピナクルズ国立公園
チャネル諸島国立公園
デスバレー国立公園
ハワイ火山国立公園
コスタリカの国立公園
ハレアカラ国立公園
ガラパゴス諸島
アメリカン・サモア国立公園

1

イエローストーン＆グランドティトン国立公園
（アイダホ州、モンタナ州、ワイオミング州）

Yellowstone & Grand Teton National Park, Idaho, Montana and Wyoming

一番好きな国立公園

アメリカの国立公園で一番好きなところは、イエローストーンだ。それにはいろいろな理由がある。まず初めに、１８７２年アメリカで最初に国立公園になったところで、もちろん世界でも第1号のナショナルパーク（国立公園）である。

近年巨大国アメリカは良きにつけ悪しきにつけいろいろと批判を浴びるが、アメリカが一番誇りにしているのが、この国立公園である。アメリカがこれまで世界中に輸出した中で一番有意義で、地球の未来を見据えた製品？で、このあと国立公園は世界中に広まっていった。

好きな理由をもう１つ。ボクはアメリカに来てから新聞、雑誌の契約スポーツカメラマンとして生活してきた。しかし旅から旅のデッドラインに追いかけられる生活に、心も体もボロボロになりかけていた。そんな頃出会ったのがこのイエローストーン国立公園だった。それまでにイエローストーン以外の国立公園はアリゾナ州のグランドキャニオンには行ったことがあったが、ここの観光客の混雑はスポーツ会場とあまり変わりなくただ疲れただけだった。そのとき以来、とにかくあまり人のいないところに行きたくなった。

イエローストーン国立公園は、アイダホ、モンタナ、それにワイオミングの3州にまたがっている。そして南側にはロッキーのアルプス、グランドティトン国立公園とも隣接している。今から10数年前の初めての旅でボクは南のジャクソンホールでレンタカーを借りてイエローストーンへと北上した。

しかし「写真を撮るぞ！」と意気込んで来たのだったが全く思ったような絵を創ることができなかった。初めてのイエローストーンに惨めにノックアウトされたのである。このときの惨めさがボクを国立公園へとのめり込ませる原因となった。

以後7年かけてアメリカ全58カ所の国立公園を踏破した原動力となったところだ。

それから、春夏秋冬の全ての季節にイエローストーンに出かけた。それぞれの季節に趣があるが、真冬のイエローストーンには完全に魅了されてしまった。マイナス20度を超す寒さの中で必死に生きる動物たちの姿が心に焼き付いた。その中でもオオカミに出会った興奮は忘れられない。

イエローストーンのオオカミは人間の虐殺により一度全滅したが、１９９５年と１９９６年にカナダから連れてこられた灰色オオカミ31頭が放された。そして最盛期には公園内で１９０頭まで増えたが現在は公園外にもテリトリーを作り、それを合わせると約３００～３５０頭が確認されている。

オオカミの再導入によってイエローストーンの生態系はまた元の自然な状態に戻ったといわれるが、オオカミの復活を一番喜んでいるのはここを訪れる世界中からの観光客である。

オオカミは公園北東部の丘陵地帯にいくつもの縄張りを作り生活している。冬期は公園内のほとんどの道路がクローズされるがこの北東部のクックシティに抜ける道路はオープンしているのでオオカミ好きな人たちには寒い冬は一番嬉しい季節でもある。

このオオカミたちのおかげでボクの旅はモンタナ州のボーズマンでレンタカーを借りて、北入り口に近いガーディナーのモーテルに泊まることが多くなった。そして欲張って、南のグランドティトンまで足を延ばす。

グランドティトンはティトン山脈を擁したロッキーの山と湖の美しい国立公園で、ここを流れるスネーク・リバー沿いの紅葉は息をのむ美しさである。そしてこの近くはムース（ヘラジカ）が一番多い生息地になっている。

果たして10月初めのこの旅、アスペンの紅葉は今が盛りでボクは長年頭の中で描いていた美しい景色に心躍らせたのだった。

そしておまけにティトン山脈をバックに紅葉の中に佇む立派な角のオスのムースを見つけたのである。メスのムースは頻繁に見かけるがこんな立派な角のオスは滅多に見かけない。昼過ぎから粘ってついに夕日が沈む時間になり、紅葉の照り返しで黄金に輝くムースを撮ることができた。

イエローストーンとグランドティトンの両公園はドライブするのにとても快適だ。南から北へ上ると高い山並みと湖が続き、イエローストーン側に入ると、８の字形のループが公園を走っている。間欠泉で有名なオールドフェイスフルはロウアーループで、マンモス・ホットスプリングスはアッパーループにある。１９８８年の山火事で焼けた森には若い木が生え山はまた新しく蘇った。ノリスからアッパーループに入りイエローストーン渓谷まで来ると山は雪になっていた。ここでは10月は紅葉と雪が一度にやって来る季節なのだ。

ボクはまたオオカミたちのテリトリー、ラマーバレーに戻った。すると今度は多くの人たちが道路脇に車を止めて望遠鏡とカメラを構えていた。オオカミが倒したバイソンを２頭のグリズリーが横取りしていたのだ。

遠すぎて写真は無理だったが、望遠鏡ではその様子が十分楽しめた。

翌朝ラマー谷には深い霧が立ち込め、その中を縫うようにバイソンの群れが移動してゆく。車を降りてトレイルを歩くと枯れた山ヨモギの柔らかなにおいが辺りを包んでいた。このにおいに包まれると自然と心が落ち着いてくる。

そして一度だけ行ったアフリカの草原が蘇ってきた。ここには象やライオンはいないがあのときのアフリカと同じ匂いがした。それは人間のＤＮＡの中に刻み込まれた遥か、遥か昔の懐かしいにおいかもしれない。

アメリカのパラダイス、イエローストーン！

春は誕生のシーズン

5月、雪が解けたイエローストーン国立公園では新しい誕生の季節が始まっていた。観光客の多い夏場は公園奥に引っ込みなかなか出てこない動物たちも、この時期にはあまり人目を恐れず、道路脇で草を食む姿を近くで見ることができる。生まれたばかりのエルクの子供はよろけながらもすぐに立ち上がり必死に母親の周りを歩き、茶色の毛に被われたバイソンの子供たちはふざけて野原を飛び回る。

大人たちの醜い姿に比べてなんとも愛くるしいその姿に、子供たちの周りにはいつもカメラの行列ができる。母親は草を食むのに夢中だが、しっかりと子供の行動を監視していて、人間がそばに近づきすぎるとすぐに甲高い声で呼び付ける。そんな赤ん坊バイソンに、昨年生まれた兄貴分のバイソンが、自然の掟を教えている。

「人間たちを信用しちゃだめだよ」とでも言っているのか、赤ん坊バイソンはすぐに群れの中に入ってしまった。まるで動物一家の幼稚園でも眺めているかのごとく平和な愛くるしい姿に、時がたつのを忘れてしまう春の1日だった。

イエローストーン国立公園へは東西南北5つの入り口から入ることができるが、ボクは南のジャクソン（ワイオミング州）からの入園が一番好きだ。ウエスト・イエローストーン（モンタナ州）の空港は夏場しかオープンしていないので、1年中オープンしているジャクソン空港が少々遠くても便利ということもあるが、それよりもグランドティトン国立公園の雪を被った山並を見ながら車で北上すると、まるでヨーロッパ

アルプスにでも来たみたいで楽しみも倍加する。それにジャクソンホールの町にはアウトドア用品の店から、アートギャラリー、レストラン、カメラ店と全てがそろっているので、ここで必要なものを補充し、そしてアートギャラリーを覗いて写真のイメージを作るのにも役立つからである。

今度のイエローストーンは3度目の旅となった。先の2回はいずれも夏場で、それこそ人混みに疲れ果てて、じっくりと写真どころではなかった。アメリカの国立公園でも一番人気のあるイエローストーンの夏は人と車の行列で、前もって周到な準備で出かけなければわざわざ疲れに行くようなことになってしまう。パーキングを探すのも一苦労だし、レストランで食事をするにも2時間待ちは覚悟しなければならない。イエローストーンには大きく分けて3つの人気スポットがある。80分おきに蒸気を吹き上げる間欠泉で有名なオールドフェイスフル、鮮やかな虹色の大温泉マンモス・ホットスプリングス、そしてイエローストーン・リバーの大瀑布で有名なGrand Canyon of the Yellowstoneだ。それに野生の動物たちが加わりアメリカで最初に指定された国立公園として規模、魅力全てにわたってこれほど自然を堪能できるところはない。いつも飛び込みのボクの旅だが今回は運よくもオールドフェイスフル・インに泊まることができた。

オールドフェイスフルはイエローストーンの中心で、ホテルは冬場もスキー客用にオープンしている。すぐ前の広場では有名な間欠泉を見ようと噴火の時間になると人々が大きな輪を作る。ボクはバイソンの写真を撮るために日の出とともに起き出してグランド・ループ・ロードをドライブした。動物は朝と夕方が最も活動する時間帯で、昼間はほとんど昼寝している。深い霧が立ち込めて強い朝の光がスポット状に反射する。ギボンヌ川の近くで運よく子供を連れた群れを発見した。ボクは車を停めて、望遠レンズを掴んでわからないように接近した。しかしすぐに群れのボスに見つかった。ある程度の距離を保っていると何もないが、少しでも近づき過ぎるとすぐに威嚇する。可愛い親子の姿を白い温泉の蒸気を入れて撮りたかった。生まれたばかりの赤ん坊はすぐに疲れて辺り構わず寝込んでしまう。

草を食べるのに夢中な母親だったが、ボクの姿を見つけるとすぐに子供のそばに近づき警戒態勢をとった。ボクは気が引けてもうこれ以上この家族の邪魔をすることができなかった。バイソンの群れが作った泥んこ道を引き返しながら何度も膝まで穴にはまり、ブーツもパンツも泥だらけとなった。

ようやくループ道路まで辿り着き、ギボンヌ川の身を切るような冷たい雪解け水で泥んこのブーツを洗っていると、目新しい看板が目についた。「この辺りでは最近冬眠から覚めたクマが目撃されており、バイソンの子供が殺されています。人間は絶対にこの地区に立ち入らないこと」。ボクの背筋に雪解け水より冷たい恐怖が走った。

イエローストーン、グランドティトン秋景色

青く輝く夏は遠くに過ぎ去った9月のグランドティトン国立公園。朝には初霜が降り、黄金色の秋も駆け足で通り過ぎようとしていた。

しかし、冬を迎えるにはまだ早い。季節の変わり目のほんの短い穏やかなときがそこにはあった。バックパックを枕に、日溜まりにしばし身をゆだねると、頬に吹く風が心地よかった。先ほどまで歩いてきた丘陵はすでに紫色に変わり、短い秋の日差しはなぜか旅の心を急がせる。

「ウィーィイインーーー」

「ウィーィイインーーー」

とブルエルク（オスジカ）の嘶《いなな》きが穏やかな空気を切り裂き、遠く谷間に響きはじめると、つるべ落としに秋の日は落ちていく。それまで必死に枝にしがみついていたアスペン（白樺）の最後の葉が風に飛ばされた。明日はこの風も木枯らしに変わるのだろうか。ロッキー山脈、つかの間の秋日和。ここはカメラマンの人気スポットだ。

9月も末になるとアスペンの林は黄色く色付き、ロッキーの山々に短い秋がやって来る。この季節はカメラマンにとって最高の時期だ。紅葉の人気スポットには、毎年各地から有名無名

のカメラマンが押し寄せ、中にはキャンピングカーで移動する人たちもいる。ボクは紅葉を追って南のグランドティトン国立公園から北のイエローストーン国立公園へとドライブするのが好きだ。

ジャクソンホールでレンタカーを借りて北上すると、左手にティトン山脈が現れ、その手前にあるスネーク・リバーの川沿いでは色付いたアスペンの葉が、まるで黄色いインクを流したかのような鮮やかさで出迎えてくれるのだ。

このスネーク・リバー沿いにビーバーの池を見つけたのは数年前の秋だった。川に続く細い道シュワバッカー・ランディングを下ると、川辺にはビーバーが小川をせき止めて作った小さな池がいくつもできていて、朝日に反射したグランドティトンの山頂を撮るのに絶好の場所だった。

そして翌年、同じ場所を訪れてみたら、ビーバー池はカメラマンたちの人気スポットとなっていた。多くのカメラマンとともに夢中になってビーバーたちにカメラを向けると、彼らは干ばつで水量の少なくなった池で相変わらずせっせと小枝を運んで働いていた。

ビーバーは日中はどこかで休んでいて、日暮れ時から行動する。鋭い歯で小枝を切り取り、池にダムや家を作る愛嬌者のビーバーたちと日の暮れるのも忘れて過ごした秋の一日だった。

群の中のハーレム王

10月になると低い山にも初霜が降り、2、3日ごとに寒暖を繰り返しながら季節が移っていく。そして、初霜を合図のように、夏の間深い山中にいたエルクの群れが、麓に下りてくる。

短い秋はブルエルクにとって忙しい季節だ。それぞれがメスの群れを引き連れてハーレムを作り行動する。オス1頭につき3、4頭、多いのになると20頭ものメスを連れているのもいる。もちろん、多くの群れを引き連れているオスは、それだけ強い証拠だ。若いオスが、この群れのメスを横取りしようと脇からちょっかいを出すと、そのたびに角を立てての戦いが始まる。

ハーレムの王にとって一番大切なのは、自分の種族の保存。そのために彼らは可能な限り交尾する。ブルエルクたちはこの時期、忙しくて食べることもままならない。ぜい肉がそげ、ひときわ逞しい野生のその姿は朝日に輝き強く美しかった。

ロッキー山脈の旅の終わりは、グランドティトンの北に位置するイエローストーン国立公園のマンモス・ホットスプリングスまで北上し、公園に湧き出る天然の露天風呂で締めくくるのがよい。ここら辺一帯は豊富な温泉が湧いているがイエローストーン・リバーまで下りると、立ち上る蒸気と温泉の硫黄のにおいが疲れた心にホッとした安らぎを与えてくれる。

もちろん更衣室などはない。近くの岩陰で汚れた衣類を脱ぎ、川の温泉に浸かると気分はもう天国だ。ただし、ここの露天風呂は河原の石を集めてせき止めただけの本当に素朴なものだから、熱い温泉と冷たい川の水が混じり合う適当な温かさのポイントを探して浸からなければならない。それでも天然の温泉の温もりは何ものにも代えがたい。昼過ぎには近くのキャンプ場のキャンパーたちが三々五々露天風呂に集まり、自慢の旅談議に花が咲く。

この公園は、北側にあるイエローストーン国立公園と隣接しているので、車で両方の公園を回るのが一番のおススメ。年中雪をかぶったティトン山脈と湖に生息する動物たちを見るには少なくとも2、3日は滞在したい。

公園を南北に縦断しているのがジャクソンホール、ジェニー・レイクで、このハイウェイに沿うようにくねくねと流れるのがスネーク・リバーだ。公園内にはいくつもの湖があるが、最大のジャクソン・レイクとジェニー・レイクが有名。湖のそばにはそれぞれロッジがあるので、そこに泊まれば美しい風景を満喫できる。

グランドティトンの特徴の1つは、エルク（ヘラジカ）が多いこと。

水辺の近くではどこでも見ることができるが、公園の外、空港から少し南側の川の辺りには親子連れがうようよいる。ただし、子連れの母親は凶暴で追いかけてくるので、近づくのは要注意。撮影スポットはたくさんあって紹介しきれないが、ボクが一番好きな場所は、オックスボウ・ベンド。この湖に映る朝日に輝くティトン山脈は筆舌に尽くしがたい。

もう1つ、往年の名画『シェーン』（ジョージ・スティーヴンス監督、1953年製作）のラストシーンを飾った場所が、公園南口のムース・ジャンクションの近くから少し東に入ったところにある。映画を彷彿とさせる古い丸太小屋を今でもティトン山脈が見下ろしている。

厳冬のオオカミを追って

3日間滞在したオールドフェイスフルを出て雪上車でまたウエスト・イエローストーンへ帰ってきた。そしてそのまま山越えでボーズマンへ出てイエローストーンの公園内で、唯一車で乗り入れられるノース・エントランスへと向かうことにした。ウエスト・イエローストーンのモーテルに泊めていたレンタカーは雪ですっぽりと埋まっていたが、4輪駆動車のおかげで難なく脱出できた。

ここからボーズマンまでは富士山とほぼ同じ高さのギャラチン山脈を越えなければならない。だんだん高度が上がるにつれ雪が激しくなったが、しかし無事峠を越えると途端に雪は止み、見晴らしがよくなった。

ボーズマンからはハイウェイ

90号線を東へ、リビングストンで89号線に入りゲートシティのガーディナーまでは薄日も差して快適なドライブになった。

公園内のマンモス・ホットスプリングスには立派なホテルもあるが、ボクが常宿にしているのは公園のすぐ外、ガーディナーにある小さなモーテルである。もう何度も泊まっているのですっかり顔見知りになった宿の親父はいつもの部屋、車をドアの前に停められる1階をキープしてくれていた。車で旅行する時は大抵この〝Bumper to Door〟の車を部屋の前に停められる便利な安宿に泊まることにしている。

この北イエローストーンのゲートシティ、ガーディナーは夏場は観光客で混み合うが冬場のこの時期はひっそりと静まり返っていた。夏に来たとき通ったバッファローの肉で作ったハンバーガーを食わせる小さなレストランには〝for sell〟の看板がかかっていた。細々とやっていたビジネスもついにやっていけなくなったのだろう。人間って無い物ねだりで、食べられないとわかったらあのボリュームのあるバッファローのハンバーガーが猛烈に食べたくなった。

ところでこんな寒い真冬になんで北イエローストーンなどに来るのか説明する必要がある。それはこの公園内で唯一、北入り口のマンモス・ホットスプリングスから北東入り口のクックシティに抜ける約80キロの道路が冬場もオープンしていて、しかもこの道路沿いにあるブラック・テール高原やラマー谷はオオカミのテリトリーになっているからである。

一度絶滅から復活したオオカミたちの人気は今や抜群だ。そのミステリアスな野生の生き物を一目見ようと、世界中からオオカミファンが集まってくる。特に雪で動物たちの動きが鈍い冬場はオオカミたちに遭遇するチャンスも多くなる。映画やテレビでしか見たことがなかった自然の摂理、弱肉強食の世界を実際に自分の眼で見られたら、こんな素晴らしいことはない。

翌日また雪になった。凍り付いたフロントガラスの氷を剥がしまだ暗い中モーテルを出てオオカミたちのいるラマー谷へと向かった。公園のエントランスでレンジャーは「今日は谷へ行くのは勧めないよ。ブリザードになる予報で危険だよ」。

でもボクはこの日本車の4輪駆動を信用してレンジャーの言葉を振り切った。イエローストーン川に流れ出るマンモス・ホットスプリングスの温泉の湯気が高く上がっていた。夏場はこの川で温泉を楽しむ人たちの歓声が聞こえるが、マイナス20度近いこの寒さは

全てを凍え付かせもう1つの自然の厳しい顔を見せていた。

途中ブラック・テール高原で夜が明けた。もうこの辺りからオオカミたちの縄張りだ。真っ白い世界は方向感覚を狂わせる。目印は道路の両脇に立てられた目印のポールだけだ。この吹雪の中で体中に雪の鎧をまとったようなバイソンの群れがのろのろと動いている。ラマー谷まで来たがオオカミたちの姿は見えなかった。この雪では小さな動物は歩けないのだろう。その時前方から車が来た。

ボクは親切心を出して道路ぎりぎりまで車を寄せて相手に道を譲ろうとしたが、その直後にコントロールできない嫌な感覚が襲ってきた。ズルズルーッと車の右半分が路肩を外れて雪の中に埋もれてしまった。

絶体絶命！　4輪駆動でもこの雪の中からの脱出は不可能だった。こんな不安な気持ちはない。でも焦っても仕方がないのでじっと我慢して他の車かパークレンジャーのパトロールが来るのを待った。

果たして幸運の女神はすぐにやって来た。

クックシティまで行くという小さな4輪駆動車の家族連れだった。若い夫はすぐにショベルとロープを取り出し、てきぱきと埋まった車を引き上げてくれた。ボクは平身低頭、この気さくなモンタナの男に感謝した。

「いいんだよ、気にしなくても、オレだって何度かやったことがあるんだ」

男は立ち去ろうとしたがボクは20ドル札を数枚男のポケットに押し込んだ。「少しだけど町に着いたらコーヒーでも飲んで温まってよ」

この日は1日中気分がよかった。こんな純粋な親切が嬉しかった。

しばらく休んでいると吹雪も通り過ぎた。

数日前にオオカミが倒したバイソンの死体は今では骨と皮だけになり、それでも腹を空かしたコヨーテが肉片を探してあまり報われない努力をしている。その周りではカラスたちが横取りしようと隙をうかがっていた。一番強いオオカミが倒したバイソンの肉は弱い動物たちにも順に与えられ、やがてこの骨は土に帰っていく。ここには自然の摂理に従いながら繰り広げられる野生の姿があった。

忘れられない動物たちとの思い出

バイソンのバーガーはもう食べない

バイソンの肉で作ったハンバーガーを初めて食べたのは、ロッキー山脈を越えてサウスダコタ州のカスターという町に泊まったときだった。この辺は大草原（プレイリー）が果てしなく広がり野生のバイソンたちがゆったりと草を食んでいた。

大きなバーガーをぺろりと平らげたボクを見て、カウボーイハットのレストランの親爺が親しげにそして自慢げにこの辺りのことを説明してくれた。

この後ボクは彼の進言どおりバッドランド国立公園を回りイエローストーンへと入った。あいにくイエローストーンは雨空だったが、途中ギボンヌ川を過ぎると雲が切れて虹が出た。虹はバイソンの群れの上にかかった。

季節は春、バイソンの群れには生まれたばかりの仔牛が跳ねていた。

この前ここに来たのは真冬で、気温はマイナス20度近い草原は深い雪に被われ、その中を一握りの草を探して群れは彷徨していた。あの苦しさを耐えた群れにまた子供が生まれ、自然は一番美しく楽しいときを与えてくれた。

写真を撮っているボクの前に、生まれたばかりの仔牛が寄ってきた。

その無垢な瞳にボクの心が曇った。さっき食べたばかりのバーガーが頭をよぎった。以来ボクはバイソンのバーガーを食べたことはない。

子供を守る母親の知恵

動物カメラマンにとって野生動物との出会いは、心躍る瞬間である。

それでも写真を撮りはじめた頃は、やはり森の中で1人で動物に遭遇するのは怖かった。クマなどの凶暴な動物でなくても、例えば馬や鹿などの大人しい動物でも、野生のものはやはりどこかが違うのだ。

しかし、彼らのことを徐々に知るようになると、その恐怖心は尊敬に変わってきた。あるときプロングホーン（枝角カモシカ）の母子を見つけた。これはチャンスとばかりに母子に接近していくと、なんと母親は逃げようともせずボクを誘うように近づいてきた。もっと距離を詰

めても彼女は逃げない。ボクは母親と子供の写真が撮れるチャンスだと思い追いかけたが、しかしさっきまで一緒だったはずの子供の姿はない。母親は生まれたばかりの子供をどこかに隠し、自分の身を挺して外敵から遠ざけたのである。この出来事を思い出すたびに、動物社会での母子の強い愛情と、そしてこの母親プロングホーンの写真を見るたびに、あのときの自分の恥ずかしい気持ちが蘇ってくる。

ボブキャットとの出会い

ボクが野生動物の写真に興味を持ちはじめたのはゴルフ場でボブキャットに遭遇してからだった。その頃はスポーツカメラマンでゴルフトーナメントの取材がメインだったが、あるとき青木功選手が出場していたシニア・ツアーの、カリフォルニアのナパでの試合に行った。撮影を終えてクラブハウスに帰る途中、近道をして藪の中を突っ切ろうとしたときに大きな山猫に出会った。こっちは急いでいたのにこの山猫はボクを睨みつけて道を譲ろうとしない。その睨みつける形相にボクの足が止まった。「ここは俺の土地だ。お前の方こそ出ていけ」と言っているようだった。しばらく睨み合いが続いてとにかく我に返って1枚写真を撮った。するとこの山猫は走って逃げる様子もなく何事もなかったようにゆっくりゆっくりと藪の中に消えていったのである。ボクは唖然となった。人間はどこでも一番というおごりがこの山猫によって覆されたのである。以来ゴルフのトーナメントを取材しながら、ボクの片方の目は常にそこに棲む動物や鳥たちを探し続けていた。そしてあるときスポーツ取材の人混みを逃れてイエローストーン国立公園へ旅して、それは決定的になった。これまで見たことがなかった風景と野生動物たち。これまでの写真の被写体が大きく変わっていったときだった。そして夕焼けに赤く染まるボブキャットとの出会いの写真はボクにとって忘れることができない。こんなに素晴らしい世界を知ることができた。感謝の1枚である。

ミネソタ、オオカミ家族の冬

あの夏に出会ったミネソタのオオカミ家族をボクに紹介したカメラマン仲間の友人からまた連絡があった。

「あれから1年あまりが過ぎて子供たちももう大きく育っているに違いない。また一緒に探しにいかない

か？」。ボクは一も二もなく出かけていった。でも冬の山は危険で行動範囲も狭くなる。ボクたちはプロのガイドを雇うことにした。彼が最初にしたことは警察の交通課に頼んでオオカミたちの餌となる死んだ動物探しだった。そして車と衝突して死んだ鹿の遺体がすぐに見つかった。ボクたちはそれをオオカミが出そうな場所に置いて待つことにした。そして1日もしないうちにオオカミたちの遠吠えを聞いた。距離をとって待ち構えるボクたちの前に見覚えのある黒いオオカミが近づいてきた。あの夏に出会った母親オオカミだった。そして後を追うように他のオオカミたちがやって来た。久し振りの餌に辺りは修羅場となった。家族の間でもこんなに獰猛な獣に変身した。しかしお互い満腹になるとまた平和な家族へと戻っていった。1年前に出会った子供たちは大きく育ちすぐにじゃれ合いはじめた。ボクにとって感動の再会だった。

ありがとう、愛するミネソタのオオカミ家族。

ネブラスカ州カーニーのカナダ鶴と北海道釧路、鶴居村の丹鶴

Sandhill crane's spring migration, in Kearny, Nebraska

国立公園にいる動物たちに夢中になり追いかけたが、鳥にはあまり興味がなかった。小さくてすばしっこくていつも振り回されていたからだった。しかしネブラスカ州のカーニー（Kearny, Nebraska）でカナダ鶴（ナベ鶴）の大群に出会ってから動物以上に鳥たちの存在が

大きく膨らんできたのだった。

　毎年2月末から4月上旬にかけて、60万羽を超えるカナダ鶴が寒い冬のあいだ過ごした南のメキシコやフロリダから、繁殖地のカナダやアラスカに向かい北上する途中、この中間地帯にある穀倉地帯カーニーを流れるプラット川に立ち寄り数週間を過ごし栄養を補給し、また北へと旅立つのである。カーニーにはトウモロコシ畑などが広がり、そこを流れるプラット川は広く浅い緩い流れで中央には盛り上がった砂地が広がる。ここに集団で集まり一夜を過ごしコヨーテなど外敵から身を守るのである。

　この地区は動物保護団体などから人間の立ち入りも厳しく規制されており、川の近くに入るのにも許可が必要だ。鶴たちが一番見やすい場所にはプラットホームと何カ所かのブラインドが造られている。人間はそこから覗き見するわけだが、まず驚かされるのは何千

羽もの鶴たちの鳴き声である。特に日が沈みに塒《ねぐら》に帰ったときと夜が開けて1日が始まる時間帯、そのけたたましさといったらない。そして一番の見せ場は鶴たちが一斉に飛び立つ瞬間である。まだ薄暗い中で動きのあるこの被写体をうまく写真にとらえるのは至難の業だが、しかしこの光景は心に焼き付いていつまでも忘れることのない思い出となった。

ところで安全な川で一夜を過ごしてから飛び立った鶴たちは餌を探して広く農作地帯に広がっていく。だから鶴たちのクローズアップ写真を撮るためには、写真規制の厳しい野営地の川から離れるとチャンスは多くなる。ボクは朝晩だけこのプラット川に戻り昼間は鶴たちを車で追いかけた。望遠レンズで鶴たちの一挙一動に狂喜し、その興奮はまだ見ぬ北海道の丹頂鶴へと膨らんでいった。

鶴に憑かれた写真馬鹿の挑戦はもう止まらない。ボクは数年前に長野県の地獄谷温泉へ日本猿の撮影に行ったことがあり、そこで知り合ったアマチュアのカメラマンが北海道釧路の丹頂鶴の撮影に行った話を思い出し、電話すると「次の冬、自分たち横浜の写真グループ『どんぐり』のみんなで行く計画しているので一緒にどうぞ」と誘われた。ボクは翌年冬、遥か遠く北海道の丹頂鶴を撮りに釧路まで出かけることになったのである。そして羽田空港で「どんぐり」のみんなと落ち合い、北海道釧路まで飛び丹頂鶴が見られる鶴居村の民宿に投宿した。「どんぐり」のメンバーは自分より年配の人たちばかりだったが、よそ者の自分を温かく受け入れてくれた。長いあいだ日本を離れいつも1人旅の自分にとって、こんなグループ旅は初めての体験だった。1日中丹頂鶴を追いかけ暗くなると民宿に帰り温かいお風呂に美味しい日本のご飯。ボクにこんな幸せをくれたのはカーニーのカナダ鶴たちだった。あの鶴たちに会わなかったらはるばるこんな遠くまで来ることもなかっただろうし、こんないい人たちに巡り合うこともなかった。カーニーのカナダ鶴たちは野生そのもので近づくのは難しかったが、鶴居村の丹頂鶴たちは割と人間に慣れていてカメラマンたちが待ち構えるプラットホームすぐ近くまで寄ってきた。そして美しい白い羽を大きく広げ求愛のダンス。この鶴たちは誰をも幸せにさせる天使たちだった。

2 マウントレーニア国立公園

Mount Rainier National Park, Washington

（ワシントン州）

タコマ富士

日系移民の人たちは故郷日本の富士山に思いを馳せ、マウントレーニアを親しみを込めて「タコマ富士」と呼んだ。山裾が長く雪を被ったマウントレーニアは、シアトルや隣のタコマ市から見ると、そういえば富士山に似ている。

マウントレーニアは、リング・オブ・ファイアー（環太平洋火山帯）の一部として連なっている。この火山帯は日本列島も含めた、今でも活動を続ける活火山帯で、マウントレーニアが最後に大噴火したのは２５００年前である。

一番新しい噴火は１８２０年から１８５４年に起きた小さな噴火で、そのあと１９００年代後半に小さな爆発があったといわれるが、今は死火山になったのか、またいつか大噴火するのか誰にも予測はつかない。ちなみにマウントレーニアから南へ80キロの、マウントセントヘレンズは１９８０年に大噴火している。

ここは太平洋側からの湿った空気の影響か、雨や霧が多くてシアトルやタコマから見ると晴れていても山に近づくにつれ、雲がかかり視界が遮られたり、反対の場合もある。国立公園に指定されたのは全米5番目の１８９９年で、周囲の森林地帯も含めて美しい自然が保護されている。

公園へのアクセスは、山をぐるりと取り囲むようにして東西南北に4カ所あるが、1年中オープンしているのは南西に位置するニスカリー入り口だけだ。また北東川のエントランスからは車で行ける公園内の最高地点サンライズ（１９５０メートル）まで一気にドライブできる。マウントレーニア頂上までの登山は、麓までのアクセスは簡単だが、以後は難易度が高くてかなりの登山技術が必要で、途中には氷河がある。変わりやすい気象条件から、これまで多くの登山者の命が奪われた。

しかし麓の雪を被った頂上を見ながらのハイキングやトレッキングトレイルは非常に整備されており、特に山の周りを一周する「ワンダーランド・トレイル」１５０キロには毎年多くの人たちが挑戦する。他にも短いトレイルはいっぱいあり、夏場の高山植物と秋口の紅葉を見ながらのハイキングは快適だ。

2年前の9月、久しぶりにマウントレーニアへ向かった。

今年の初雪

昨日まで空を覆っていた雲が晴れると、急に冷え込み朝起きると雪が降っていた。この年の初雪だ。泊まっていたニスカリーのモーテルを飛び起きて、新雪の道をパラダイスのビジターセンターまで駆け上った。

車は途中スリップして冷や汗のドライブだった。しかしパラダイスに着くと雪は止み、ひと休みしてすぐに今度はリフレクションレイクへ下りることにした。ここからの下りはもっと雪が多くて苦労したが、湖につくと水面から霧が上がりその上にマウントレーニアが白銀に輝く山頂を覗かせ半分凍り付いた水面に反射していた。

ナナカマドの赤い実に雪がつもり、枯れた葦に凍り付いた水滴が朝日に光っている。ボクは夢中になってシャッターを押した。

そのとき岩の間から狐が見ているのに気がついた。夏の赤毛は灰色の厚毛に変わり、すっかり冬支度を終えていた。狐は何か獲物を狙っているのだろうか、時折岩陰から出ては消え、ボクと目を合わすとすぐにまた引っ込んだ。ネイチャーカメラマンにとってこんなに幸せなときはない。山全体が息をのむような美しい被写体に変わった。湖での撮影を切り上げると、今度はまたパラダイスに引き返しスカイライン・トレイルに挑戦することにした。

　これは最高地点パノラマポイント（２０７４メートル）を折り返し帰ってくる、約８・５キロのこの公園で一番人気のあるハイキングコースだ。急な冷え込みでベリーの葉っぱが赤く紅葉して、まるで赤い花畑を歩いているみたいだった。

　途中の崖の上の１本道で若いクマに出会った。さあどうする？

　右は急斜面、左は谷への絶壁だ。このクマと距離を保ちながら、ボクは脅かさないように三脚を頭上にあげて自分の体を精一杯大きく見せた。

「ボクの方がオマエよりも大きいぞ！」

　するとクマは山よりの急斜面を駆け足で去って

いった。彼らは冬ごもりを前に今は食べられるだけ食べなければならない。遠くにも大きなクマが1頭いた。しかし彼はボクをうさん臭そうに一瞥しただけで、また野生のベリーの実にむしゃぶり付いた。鼻の頭が紫色に変わっていた。

　パノラマポイントまで上ると、陽は西に傾きはじめ、眼下に広がる雲海が赤く輝きはじめた。遥か遠くにマウントセントヘレンズがポツンと暮色に染まっていた。そして手前には雪を被ったユニコン、ザ・キャッスル、ピナクル、そしてイーグルの各山頂がすでに暮れかかった大地にくっきりと浮かび上がった。山に来て一番の至福の時、暮れかかった山からはハイカーの姿も消え、しばし自然と一体になれる自分だけの時があった。

「鳥は空に消え
今や最後の雲も消え去った
山とボクは共に座る
山だけが残るときまで」

詩人・李白の『独坐敬亭山《ひとりけいていざんにざす》』の詩を思い出し、こんな言葉が浮かんできた。

一番長かった1日

マウントレーニアの朝日とオリンピック海岸の夕日を、同じ日に撮影した。

風景写真ほど天候に左右されることはない。晴れた日だけが写真によいとは限らないし、しかし雨ばかりでも困る。最悪なのは山の写真を撮りに来たのに、霧でその山が見えないことだ。ワシントン州には3つの国立公園があるが、ボクは1週間の予定で、マウントレーニアと北西部に位置するオリンピック海岸を回る予定でいた。シアトルの空港に下りる飛行機の中からは雪を被ったマウントレーニアが臨めたのだが、しかしこの地方は雨が多いのが定説だ。天気予報はその日から下り坂になると伝えていた。

ボクは翌日マウントレーニアまでドライブし、公園の近くのモーテルに投宿した。晴れたら目の前に雪を冠った美しい山が見えるはずなのに、霧のためにその姿はかき消されてしまった。でもそのうちに晴れてくれるだろう?

今度の旅の予定は金曜日までで、マウントレーニアとオリンピック国立公園にそれぞれ2泊ずつして土曜日の朝一番の飛行機で家に帰るつもりだった。しかし火曜日になって雨は上がったものの深い霧は一向に晴れず、安いモーテルの一室で山の方を見つめてはため息をついた。天気予報では晴れですでに下界では太陽が輝いているはずだったが姿を見せぬマウントレーニアに苛立ちだけが募った。

とにかく最後の朝は何がなんでも5時に起きて、日の出の時間には撮影地に決めたリフレクションレイクまで登るつもりでいた。山に来て山の姿を見られずに過ごした最後の夜が明けた。真っ暗な山道をドライブすると、しかし東の空が赤く染まってきた。日の出だ。待ちに待った太陽が昇ってきた。リフレクションレイクに着くとマウントレーニアの雪を被った頂きが赤く輝いて水面に反射した。あの写真で見たとおりの風景が目の前に展開した。

湖の周りには数人のカメラマンがやはり興奮しながら、せわしげに動き回っていた。ボクはこの短い日の出の写真を撮るためにいつもの倍のカードを消化した。４日分の胸のつかえもとれ晴れ晴れとした気持ちでモーテルに帰り遅い朝食をとりながら考えた。オリンピック国立公園へ行くのは諦めてこのまま飛行場へ向かうか、それともオリンピック海岸までドライブして夕日の写真を撮るか。

日没は夜の8時過ぎだからこれから出発しても十分間に合うだろう。しかし明日の飛行機の時間は朝の7時だ。オリンピック海岸まで行ったら今夜は眠る暇はないだろう。少々弱気になりかけた自分だったが、しかし海を真っ赤に染めて沈む観光案内の夕日の写真がオリンピック海岸へのドライブを決めさせた。マウントレーニアから西北のオリンピック海岸まで約３５０キロ、車で4時間の道のりだ。

ボクはせわしくモーテルをチェックアウトすると光り輝くマウントレーニアに背を向けて一気にオリンピック海岸へとアクセルを踏んだ。

途中オリンピアの町から12号線に入ると、潮のにおいがプーンとにおってくるようだった。荒々しい太平洋の海岸線が見えると、まるで日本の山陰地方の海岸をドライブしているような錯覚に襲われた。途中休みなくドライブして、目的地であるオリンピック海岸の小さな村ラ・プシュには夕方5時には到着した。しかしこれからが大変だ。初めての場所では撮影ポイント探しが一番の仕事となる。

ボクは傾きはじめた太陽に気をとられながら、地図を片手に海岸へ続くトレイルを歩いた。ここの人気撮影スポットはセカンドビーチと、リアルトビーチの奇岩だ。セカンドビーチはトレイルを抜けるとすぐに美しい海岸になるが、リアルトビーチの奇岩までは延々と砂浜を歩かなければならない。

やっと絵はがきの写真と同じ奇岩の前に辿りついたときには、太陽はすでに水平線まで傾き、カメラバッグの重さで両肩は石のように固まり、棒きれのようになった両脚がもはや歩く気力を奪い取ってしまった。

ボクは砂浜に寝そべり、太陽がもう少し沈むのを待った。近くで夕食の準備をするキャンパーたちの焚き火の煙がとても羨ましかった。今夜ここに泊まれたらどんなに楽だろうに。やがて今朝マウントレーニアで見た同じ太陽は、今度はオリンピック海岸を赤く染めながら最後のときを刻みはじめた。

砂浜の奇岩がシルエットに変わった。寄せる白い波が生き物のように岩の周りにまとわりつき消えていく。何百年も昔から奇岩の上に生きる１本の松はこれからもずっとこの岩の上で生き続け、そして変わらぬ自然の営みを見続けるのだろうか？

真っ赤な太陽が西の海に沈むと、今度は黄昏が一気に冷たい空気を運んできた。

ボクには今度は逆ルートの長い旅が待っていた。夜が明ける前にシアトルの空港まで辿り着かねばならない。真っ暗な砂浜をとぼとぼと引き返し、停めていた車に辿り着いたときにはもう時間は９時を回り、今度は空腹のために疲れは倍加した。

結局、一晩中ドライブしてシアトルの空港に辿り着いたときにはすでに明け方、朝の太陽が昇る時間になっていた。やがて搭乗の改札がはじまり、長い長い１日から解放されたボクは極度の疲れと、しかし成し遂げた心地よい満足感に浸りながら飛行機の中で泥のように眠りこけたのだった。

3 クレーターレイク国立公園

Crater Lake National Park, Oregon

（オレゴン州）

青くすんだ伝説の湖

サンフランシスコから国道1号線を北上すると、途中で国道101号線に合流しオレゴン州へと入っていく。この太平洋の荒波に削られる海岸線はアメリカでも一番変化に富んだドライブウェイだ。

5時間も走るとレッドウッド（セコイアの一種）の森で有名なレッドウッド国立公園に入り、道は険しく崖沿いをくねくねと曲がるが、それを過ぎると今度はなだらかなオレゴンコーストへと続いていく。クレーターレイク国立公園はクレセントシティから東へ、国道5号線沿いのメドフォードへ行きここからなお75マイル北東の山の上にある。この辺はワシントン州のマウントレーニアからマウント・シャスタ、セント・ヘレナ、マウント・フッドとかつては火山の大爆発を起こした高い山々が連なる。クレーターレイクはその火山帯の１つマウント・マザマが７７００年も昔に爆発してできたクレーターに水がたまったものだ。

長い時間をかけてやっと山頂に辿り着き、切り立った崖の上に立つと眼下に広がる青い水の色にまず驚かされる。青く青くどこまでも澄み切った、まるで吸い込まれてしまいそうな水の色に、誰もが言葉を失い時間を忘れて佇んでしまう。この青い色はどんな言葉で表現したらよいのだろうか？　今まで見た空の色でも水の色でもない。地球上でこの湖だけが持つ独特の澄んだ青い色といわれている。

湖の水深はアメリカで一番深い１９３２フィート（５８９メートル）もある。冬のあいだ山は深い雪に覆われ、その溶けた雪が長い年月をかけて火山のいろんな成分を濾過し、青い神秘の色を作り出したといわれている。しかし科学者たちは真相を究明すべく１９８８年から１９８９年に深海艇を使って湖の底を調査した。それによるとマウント・マザマは現在もわずかに活動していて地底から暖かい蒸気が吹き出し続けているらしい。

どんな寒い冬にも湖が凍り付かないのは（最近では１９４９年と１９８５年に凍り付いた）このせいらしいが、しかしボクには科学的究明よりも古くからネイティブアメリカンの間で信じられてきた、昔話のほうがずっと興味深かった。

「昔、昔、この世界は天を支配する酋長と地を支配する酋長の2つの国に分かれていた。その頃はクレーターには水はなく、大きな穴が空いているだけで、地の酋長はこの穴を通じて時々天の国に飛び、お互い天と地の国は友好関係を作っていた。しかしあるとき地の酋長が、天の酋長の娘ロハを見初めたときから災いが始まった。地の酋長はロハに結婚を迫ったが、ロハからは色好い返事はもらえず、その腹いせに地の酋長は煮えたぎるマグマを吹き上げ、嵐を起こして天の国を攻撃した。あまりの勢いに天の国は荒れ果て、死人が辺りを覆った。これに嘆いたロハは自分の身を地の国に通じる穴に投げ、天と地に通じる穴を塞いだのだという。地の酋長の攻撃はこれで収まり、天の国に静けさが戻ってきたがロハの死を悲しんだ人々の涙がクレーターに流れ込みこんなに美しく青く澄んだ湖になった」といわれているのだ。

10月末から7月まで雪でクローズしている周囲6マイルのドライブウェイは、夏の訪れとともに色とりどりの花が咲き乱れブラックベアーやボブキャットなどの高山の野生動物たちが闊歩する姿が見られる。湖の中に浮かぶ富士山の形をしたウイザートアイランドは、大昔の火山の噴火を蘇らせ、湖の反対側にはファントムシップ（幽霊船）が無気味に浮かんでいる。今でも湖の底に眠ると信じられているロハの帰りを待っているのだろうか？　神秘の青い湖はますます青さを増し、空の色と溶け合って雪を抱いた山々に反射していた。

4 ノースカスケイド国立公園（ワシントン州）

North Cascades National Park, Washington

マーモットに救われた山の上

ワシントン州に３つある国立公園の１つ。マウントレーニア、オリンピック国立公園と同じく、ここも息をのむ美しさの山岳公園である。カナダ、バンクーバーと国境を接し連なる山々はアメリカのアルプスと呼ばれている。現在公園全体で３１２の氷河とその氷河が溶けてできた１２７カ所の湖があるといわれるが、地球温暖化の影響で年々氷河が溶けてなくなっているらしい。

公園内には数多くのトレイルがあり自分の体力に合わせて選ぶ必要がある。そのトレイルを結んでいるのがルート20号線だ。ボクがここを訪れたのは８月初めだったが山にはまだ雪が残っていた。

ガイドブックの写真を見ながらどのトレイルを選ぶか迷っていると、パークレンジャーが「日帰りするなら往復6・2マイルのメイプルパスがお勧めだよ、アン湖とその周りに広がるお花畑は素晴らしい思い出になるはず」と勧めてくれた。

ボクは2日間の予定で写真を撮って回る計画でいたので、レンジャーの勧めどおりこのトレイルは最後に登ることにして、最初にもう1つの違うコース、カスケードパスを起点にシャハール・アーム・トレイルにチャレンジすることにした。この奥にある湖の写真が頭の中から離れなかった。

このトレイルは片道10・9マイルだが、ちょうど中間地点にあるのがダウトフル湖（Doubtful Lake）だ。天気は快晴、歩き始めてから1時間、高度を増すにつれ山々が姿を現した。360度どの角度を見ても目を

見張る景色が広がった。足元には野生の花々が咲き誇る。トレイルの約半分の位置にあるダウトフル湖までは思ったより時間がかかってしまった。どちらを見ても目を見張る景色が続き写真を撮るのに時間がかかったのだ。そして明日に備え1日目はここで引き返すことにした。

そして2日目、朝早くメイプルパスの出発点に来ると重いリュックを背負った多くのキャンパーたちが出発していった。この山でキャンプをして沈む夕日と昇る朝日を撮れたらどんなに素晴らしいか、と羨ましかった。

ここのトレイルはループになっていて目的のアン湖は距離的にそう遠くはなかったが、バックに高い山を入れた写真を撮りたかったのでトレイルの上を目指し急な勾配を登り始めた。すると昨日の疲れが出てきて足の動きが鈍ってきた。とにかくもう少し、もう少しと自分に言い聞かせ登り続けた。そして視界が開けて眼下に目指すアン湖が現れた。ここですっかり精根尽き果てたボクは崩れるように座り込みしばらくそのまま寝込んでしまった。そして目が覚めると目の前に心配そうに見つめているマーモットがいた。

マーモットに見守られ、ここで遅い昼飯を食べた。そして氷河から流れ出る冷たい湧き水がまたボクを生き返らせた。

この美しい山々がある限り、この可愛い動物たちがいる限りボクの旅はまだまだ続くだろう。今でも忘れられない、もう一度チャレンジしたい国立公園の1つである。

5

ウォータートン・グレイシャー国際平和公園

（アルバータ州・カナダ、モンタナ州）

Waterton-Glacier International Peace Park, Alberta, Canada and Montana

世界遺産・アメリカのアルプス

ビリングスの町で仕事を終えてモーテルをチェックアウトすると、カウンターにいたカウボーイハットのオーナーが顔中に笑みを浮かべて話しかけてきた。

「これからどっちへ行くんだい？」「グレイシャー国立公園までだ」と答えると、親切に地図を広げて行き方を教えてくれた。

「おれも一度だけ行ったことがある。公園に着いたら絶対にGoing to the Sun Road（太陽に続く道）をドライブしろよ。あそこはモンタナが誇る世界一の絶景だから」

90号線を一路西へ。モンタナの空は高く青く澄んでいた。しかし遥か彼方の地平線に黒い雲が現れたと思うや瞬く間に雨脚が視界を遮り、車のフロントガラスを叩いた。ミゾーラから北へさらに2時間、ゲートシティのウエスト・グレイシャーに着いたときには、雨は上がり、きれいな虹が歓迎してくれた。

グレイシャー国立公園はカナダ、アルバータ州のウォータートン国立公園と国境を接しており、２つの公園は両方の名を取ってウォータートン・グレイシャー国際平和公園と呼ばれる、世界初の平和公園。１９９５年にはユネスコの世界遺産にも指定されている。

ゴーイング・トゥ・ザ・サン・ロード（Going to the Sun Road）は西側のマクドナルド・レイクと東側のセントメリー・レイクをつなぐ、公園を横断する急な山肌を切り開いた全長50マイルの道路で、高度を増すに従い、手付かずの氷河の山々がすぐ目の前に迫ってくる。まるで太陽に届きそうな高さを登りきると、大陸分水嶺と出会うローガン・パス（２０２５メートル）を頂点に下りになる。氷河に被われた山々と大小様々な湖が織りなす風景は、まさに「アメリカのアルプス」の呼び名がぴったりする、息をのむ美しさだ。

ローガン・パスでひと休みして雪の残るトレイルを歩くと、崖っぷちで、白い毛が半分抜け始めた哀れな姿のマウンテンゴートに出会った。長い厳しい冬が終わり春の訪れを知らせるこの脱毛だが、その姿は見るにつれて可哀想になり写真を撮るのを止めた。この日はカナダ側のウォータートン国立公園にある有名なプリンス・オブ・ウェールズ・ホテル（Prince of Wales Hotel）に泊まることにしていた。「今夜は早めにチェックインして豪華な気分を味わうことにしよう」と決めていたのだが、カナダに入る前に少しだけメニー・グレイシャー（Many Glacier）のトレイルを歩くと、欲が出てきて頂上のアイスバーグ・レイク（Iceberg Lake）まで一気に登ってみることにした。

8キロの道のりだから往復しても日が暮れるまで十分時間はあるだろうと簡単に考えていたのだが、大間違いだった。ベアーグラスや黄色い可憐なグレイシャー・ユリに立ち止まってはシャッターを押した。ところが山の天気はまたも急変して雨雲が広がってきた。先ほどまでのピクニック気分から、とにかく先を急ぐだけになった。やっと辿り着いたアイスバーグ・レイクは、6月だというのに深い雪に覆われていた。

そして冷たい雨が降り出した。踵を返し、やっとのことで車の所まで辿り着いたときには全身ずぶ濡れになってしまった。

今度はカナダの税関でトラブルに遭った。グレイシャー国立公園からカナダのウォータートン国立公園へは国境の税関を通過しなければならないが、公園から一番近い税関は10時に閉まることを知らなかった。それでも10時少し前には到着したのだが、ボクの他に人相のあまりよくないオートバイの３人連れがほぼ同時に到着した。カナダの税関士はボクたちを見て冷たく言い捨てた。

「残念だがここは通れないよ。閉門時間の10分前までに書類審査を終わらなければならないんだ」。ボクたちは11時まで開いているという税関へ向かわされた。結局１００マイルも遠回りして、ホテルに着いたときには真夜中になろうとしていた。豪華なホテルで美味しいディナーをエンジョイするはずが、空腹と疲れで昼食の余りの固くなったサンドウィッチをワインで胃の中に流し込むと、そのままベッドに倒れ込んだ。

翌朝は強い朝日に叩き起こされた。眠い目をこすりながらホテルが一望できる丘に登ると、白い霧が幻想的に古城を包んでいた。昨日ちょっぴり意地悪だったグレイシャーは、雲１つなく晴れ上がった。野生の花畑の向こうに雪を冠ったグレイシャーの山々が見え、岩陰から花を持ったチップモンクが現れるや、チョコンと挨拶した。花の甘い香りに鳥のさえずり、グレイシャーは春真っ盛りだった。

3日間の撮影も順調に進み、今度は逆にゴーイング・トゥ・ザ・サン・ロードを東から西へと帰途に就いた。ローガン・パスで車を停めてもう一度トレイルを歩いてみると、最初の日に見たマウンテンゴートがまた目に留まった。しかし今度は1頭ではなかった。まっ白い毛皮に覆われた赤ん坊を連れていたのだ。ボクと会った後すぐにこの子を生んだか、あるいは子供はどこかに隠していたのだろうか？

真っ白いぬいぐるみのような子供は、しかし逞しい足でしっかりと母親について歩いていた。

愛くるしいその姿に自然と「おめでとう！」の言葉が口をついて出た。母親はあの日ボクが写真を撮らなかったのを憶えていたのか、今度はシャッター

を押すまで子供とポーズをとって待ってくれた。雪どけの〝太陽に続く道〟を何台もの車が上り下りしていく。

　グレイシャー国立公園の忙しい夏が始まろうとしていた。

6 バンフ＆ジャスパー国立公園（アルバータ州・カナダ）

Banff and Jasper National Park, Alberta, Canada

春のカナディアン・ロッキー

北米大陸を南北に貫くロッキー山脈は、北はブリテッシュコロンビアから南はニューメキシコ州まで達しようとする、まさしく北米大陸を支える大黒柱だ。この中にはイエローストーンをはじめとする北米の代表的な国立公園がひしめき、太古の昔から凍り付く氷河の山々や動物たちの棲む大草原、そして美しい川や湖と人々を魅了してやまない。カナダの国立公園を代表するカナディアン・ロッキーは、バンフ、ジャスパー、ヨーホー、ウォータートンなど６つからなっているが、一番有名な公園はカルガリーから車で約１時間半で行けるバンフとその北にあるジャスパーだ。特にバンフには毎年３００万人あまりの観光客が世界中から訪れ、カナダの観光地の代名詞になっている。

　バンフはまたカナダで初めての国立公園としても知られている。１８８３年カナディアン・パシフィック鉄道の３人の鉱夫が温泉の鉱泉を発見したのが始まりだ。しかし３人にとってこのケイブ・アンド・ベイスン温泉は宝の山となるはずだったのだが、所有権を巡り人間の醜い争いが始まり、結局カナダ政府の管轄となり、１８８５年わずか26平方キロメートルほどの小さな国立公園として制定された（現在は６６４１平方キロメートル）。そして１８８８年にカナディアン・パシフィック鉄道はこのケイブ・アンド・ベイスン温泉のすぐ近くに客室８６７の世界最大のフェアモント・バンフ・スプリングス・ホテル（Fairmont Banff Springs Hotel）を建設し、バンフは世界中から観光客を集めるようになったのである。

　バンフの夏は世界中からの観光客でごった返す。ここは日本の観光地とよく似ていて、人々の生活圏も含めて国立公園に制定されているので、町にはいろいろなホテルや商店が軒を並べ、それに従事する人々が公園内で生活している。アメリカの国立公園みたいに、自然と人間の生活を完全に区別して制定されているところから比べると少し首を傾げたくもなる。早朝人混みのたえた街角で餌をあさる野生動物を見て少し胸が痛んだのである。

　しかしカナディアン・ロッキーの世界一美しい風景を多くの人たちに見てもらいたいのも事実だ。バンフの町を抜けてレイク・ルイーズからジャスパー国立公園へと続く全長２３０キロのアイスフィールド・パークウェイは手付かずの大自然を誰もが簡単に体験できる可能性を与えてくれた。

ロッキーの春は遅い。凍り付いた湖が溶けてブルー、グリーンの鮮やかな水の色に変わるのは6月になってからだ。しかし予約なしの気ままな旅をするには観光客の少ない4月、5月はうってつけである。アイスフィールド・パークウェイから望む雪を被った山々は早春の日差しに輝き、自然と会話をしながら空いたハイウェイをゆっくりとドライブする。動物の姿を見ると立ち止まり、絵はがきの写真と同じ山々に驚嘆の声を上げる。途中ボウ湖を過ぎサスカチュアン川を越えると、氷河が連なるコロンビア・アイスフィールドが左に見えてくる。パークウェイから一番近いアサバスカ氷河へは雪上車ツアーが出ていて、誰もがスニーカーで氷河の上に立つことができるのである。ここからアイスフィールド・パークウェイはジャスパー国立公園へと入り、両側に迫る山々はますます高く険しくなってくる。スキー客がいなくなったジャスパーの町はこの時期落ち着きを取り戻し、静寂に包まれていた。

どのモーテルもベイカント（空き部屋）のサインを出し、飛び込みの客を待つ。試しに宿泊料の値引きを交渉してみると、すんなり半分ちかくも値引きしてくれた。これが気ままな旅のよいところ、気分はますますハッピーだ。

帰りは同じパークウェイを引き返して逆方向からの違った眺めをエンジョイする。カナディアン・ロッキーには3カ所の有名な温泉があるが、ボクはこの旅の終わりはこの温泉と決めていた。しかしお目当て、ジャスパーから1時間ほど北へ上ったマイエッタ温泉（Miette Hot Springs）はまだオープンしていなかった。

　そこでバンフ国立公園へ戻り、パークウェイから93号線を南へ下りたクートニー国立公園にあるレディアム温泉（Radium Hot Springs）へ遠回りをしてでも行くことにした。この温泉地もロッキーの山に抱かれた自然の中にひっそりとあった。25メートル級の大きなプールに温めのお湯がなみなみと溢れ、ほとんど地元の湯治客が日がな春の1日を過ごしていた。吹く風はまだ少し冷たかったが、ロッキーの山々に抱かれた温泉にいると心も体も優しくなるのだった。

7 アラスカの国立公園

白夜のデナリ国立公園――デナリ国立公園
Denali National Park and Preserve

アラスカには8カ所の国立公園と多くの自然保護区があるが、その中でも一番の人気を誇るのがデナリ国立公園だ。「デナリ」とはネイティブアメリカンのアサバスカンによる「偉大なるもの」の意味。１９１７年、動物たちを乱獲から保護するために第25代大統領、ウイリアム・マッキンリーの名前をとってマッキンリー国立公園が制定されたが、１９８０年当時の大統領ジミー・カーター氏によって新たに広大な動物保護区が加えられ、名前もデナリ国立公園となった。

この公園が人気な理由として、地理的にアンカレッジとフェアバンクスのほぼ中間に位置し、アラスカでは比較的アクセスが便利なことのほか、多くの動物たちを見られるのと、北半球で一番高い山、標高６１９４メートルのマッキンリー山を擁することが挙げられる。今や、デナリ国立公園の訪問者数は30年前に比べ１千倍の40万人に膨れ上がった。公園の面積は、マサチューセッツ州とほぼ同じ大きさだが、園内には、カンティシュナまでたった１本、約１５０キロの未舗装の道路が走っているだけだ。

　許可のない入園者の車の乗り入れは禁止されており、シャトルバスだけが広い公園を移動する手段になっている。ここでは「Keep the wildlife wild（野生動物を野生のままに保つ）」という考えの下、人間が入り込むことによって起こる様々な自然破壊を最小限に食い止めている。そのため、他の国立公園に比べて規制が厳しく窮屈感は否めないが、雄大なマッキンリー山を中心に広がる大自然の中で、野生のままに生活するグリズリーや、ムース、オオカミたちに出会える喜びには代えられない。

　ビジターにとってこんなに厳しい規制に縛られているデナリ国立公園では体力と時間に余裕があるならキャンプするのが最良の方法かもしれない。園内にキャンプ場は７カ所あるが一番人気は、その一番奥にあるワンダーレイク・キャンプ場だ。ここからはマッキンリー山が一番よく見える。ボクは幸運にもここで３回もキャンプすることができた。

白夜（Midnight Sun）の季節、マッキンリー山の頂上を真っ赤に染めた夕日は真夜中を過ぎてようやく沈んでいく。陽が落ちた湖はうっすらと霧に包まれ青い世界に変わっていく。音のない、色のない、白夜の世界だ。

そんな静かな夜、マッキンリーの水の反射を破るようにザブーン、ザブーンと立派な角のオスのヘラジカが現れた。水苔を食べるために長い顔を水の中に突っ込み、時々ボゴ、ボゴと息をする。角を伝わって落ちた水滴が水面に幾重にも輪を作った。まるで水墨画の中にいるみたいだ。青い白夜の湖に、ヘラジカとボクだけの時が静かに過ぎていった。

日本人にとってマッキンリー山にはもう1つ忘れられない思い出がある。それはマッターホルン単独登頂や犬ゾリでの北極圏単独行などの冒険家、植村直己さんがこの山で遭難して眠っていることだ。

１９７０年8月、夏場の単独登頂に成功した植村さんは１９８４年2月、これまで人間が誰も果たせなかった厳冬期の単独登頂に挑戦した。しかし同13日最後の無線交信の後、消息を絶ったまま遺体はいまだ発見されていない。厳冬期のマッキンリー山は、北極圏の影響で急激な気温低下と強風でマイナス１００度近くなることも、登頂はエベレスト山よりももっと過酷な条件になるといわれている。反対に夏のマッキンリー山は乙女みたいにとても気まぐれだ。7~8月の観光シーズンピーク時は雲の中に隠れてほとんど顔を見せてくれないのである。だから短い滞在中にマッキンリー山の頂上が拝めることができたらとてもラッキーといえる。

ボクは「北極圏の扉国立公園」からの帰り、夏の最後の休みをワンダーレイクのキャンプ場で過ごした。つかの間の晴れ間にゴールデンイーグルが山の上を旋回し、ドールシープの一団が目もくらむような崖にしがみ付いている。グリズリーは冬眠に備えてブルーベリーを口いっぱい頬張り、ムースは水苔とりに忙しい。谷ではオオカミの子供たちがじゃれ合っていた。

これまでの訪問ではマッキンリー山は雲の中に隠れ姿を見せてくれなかったのに、今回は思いがけぬ快晴にその全容をあらわし歓迎してくれた。人間も動物も自然の恵みを享受するつかの間の平和のとき。そして短い秋がツンドラを真っ赤に染めると、デナリは人を寄せ付けない長い冬の眠りにつく。

氷河の海にラッコが遊ぶ――キーナイ・フィヨルド国立公園
Kenai Fjords National Park

アラスカの国立公園でグレイシャー（氷河）を見られるのは、グレイシャー国立公園と、キーナイ・フィヨルド国立公園の2カ所がある。中でもキーナイ半島の南東、氷河の浸食作用によるフィヨルド独特の景観と野生動物たちの宝庫になっているのが、キーナイ・フィヨルド国立公園。

アンカレッジから直接車で行ける便利さもあり人気がある。

グレイシャーブルーの氷魂が真っ黒い海にごう音とともに沈む迫力はまるで映画の中の1コマみたいに脳裏に刻まれいつまで経っても色褪せない。

ここの氷河は、巨大なハーディング氷原から流れ出した氷が8つの氷河となり海に流れ込んでできている。氷が海に直接落ち込む山脈は、かつては氷河に覆われており、深く入り組んだフィヨルドはときには霧に覆われ、晴れた日には鏡のような海面に氷河を美しく反射させる。

湾内には多くの野生動物が生息し、ここの東側に位置するプリンス・ウィリアム湾とともにアラスカでも有数の観光地となっている。

キーナイ・フィヨルド国立公園のゲートシティはスワードで、ここからは多くの氷河クルーズ船が出ている。

　しかし、ボクはバルディーズからウィッティアまで運行しているフェリーに乗り、まずプリンス・ウィリアム湾の氷河を見てから南のスワードまで行くことにした。車ごと乗船できるこの航路は大変人気が高く、朝7時の就航なのに早朝から桟橋には車の列ができていた。今にも泣き出しそうな空には雨雲が低くたれ込め、氷河にかかっている。晴れていれば、すぐ目前にコロンビア氷河が見えるはずだったが、暗い海にはアイスバーンが浮かび、時々、波間にプカリ、プカリと浮かぶ愛敬もののラッコがこちらを眺めているだけだった。船内で暖をとるために椅子に腰掛けた途端強い睡魔が襲ってきて、ボクはそのまま深い眠りに落ちた。

　夢の中でさっき見たラッコが現れたため、目が覚めたボクは以前テレビか何かで見た、１９８９年に

この海で発生し、史上最悪のタンカー事故といわれたエクソン・バルディーズ号の原油流出事故の光景を思い出し、真っ黒な油にまみれたラッコや海鳥たちの哀れな姿が目の前に蘇ってきた。

この海がまた以前の美しさと静けさを取り戻し、年月とともにあの忌まわしい事故が人々の脳裏から風化されようとしたとき、今度はメキシコ湾での原油流出事故が起きた。人間たちの驕りによる犠牲は、いつも罪のない弱い動物たちに降り掛かる。そんなことを考えていると、やがて船は終着港ウィッティアに到着、そこからスワードへと向かった。

鯨にからかわれた――キーナイ・フィヨルド国立公園

スワードは雪をかぶったチュガッチ山脈を水面に映す、リザレクション湾に面した静かな港町だ。ダウンタウンには20世紀初頭の古い建物が残り、ゴールドラッシュの時代を彷彿とさせる。夏のこの時期は氷河クルーズや、釣り客でどこもかしこも賑わっていた。ボクは湾に面した民宿にチェックインするやすぐにシーフードレストランに直行した。アラスカに来て以来、食べよう、食べようと思いながら食べ損なっていたキングサーモンを腹一杯食べるために、民宿の主人ジョンに教わった食べ放題のレストランのドアを開けた。

ビールを空き腹に流し込み、バーベキューソースで香ばしく焼かれたサーモンを片っ端から胃の中に放り込む。隣のテーブルの女性客があきれ顔でボクの顔を覗き込んだので途中で止めたが、この取れたてのキングサーモンはしこしこと口当たりがよく、今までどこで食べたものより美味しかった。

　翌朝、ジョンが操縦する小さな漁船でキーナイ・フィヨルド国立公園のクルーズへと出発した。霧のリザレクション湾をかき分けるように進むと、やがて行く手にはフィヨルドの特徴である切り立った断崖が海中に突き刺さるようにそびえ立ち、何百という海鳥が頭上を飛び交っていく。

　ジョンはボートをうまく操り、切り立った入り江を練りながらアシカやパフィン（ツノメドリ）のいるスポットに近づいてくれた。目的地のホルゲート氷河で一服すると、ドーンというごう音とともに崩れ落ちた氷塊が海に沈んでいく。あちこちのクルー

ズ船から歓声が巻き起こった。

グレイシャー見物に満足すると、次はクルーズのハイライト、鯨ウォッチングが始まる。それぞれのボートの船長たちは無線で連絡を取り合って鯨を探す。ザトウクジラの群れはすぐに見つかった。すでに何隻かのボートが周りにたむろし、鯨のブリーティング（ジャンプ）に大きな歓声が上がっている。

ボクたちのボートも鯨の群れの中に入っていった。シューッ！シューッ！と潮を吹く音。尾ヒレを反転させて水中に没する凄まじい迫力。そのときひときわ大きな鯨が潮を吹いたかと思うと、潜水艦みたいにずんずんとボクらの小さなボートに近づいてきた。「ぶつかる！」と思ったその瞬間、その大きな黒い塊は急潜行、ボートの下をくぐり抜けていった。ボクたち人間がここでは鯨たちにからかわれているのだった。

クマさーん――カトマイ国立公園

Katmai National Park

低い雑木が茂るトレイルを抜けて池のそばに出ようとしたときだった。

若い女性のレンジャーが、ボクの前を歩いている数人のグループを制止した。ちょうどその先の池でクマの親子が魚捕りをしているところだった。しかし、すぐに後ずさりするように命じた。クマがサケを捕まえて上がってきたのだ。そのときの距離はまだ50メートル以上はあった。クマの親子はボクたちが立ち止まっている1本道のトレイルを反対側からじわじわと、こちらに向かって歩き出した。

母グマが今捕ったばかりの大きなサケを口にくわえ、その後ろから3頭の仔グマがついてくる。突然母グマがボクたちを見るとダッシュした。道は細い1本道。キャーッと嬌声が上がったかと思うや、若い女性が走った。それにつられてみんなが、クマに背を向けて一目散に逃げはじめた。若いレンジャーも何か叫んでいたが逃げるのは同じ。1人逃げ遅れたボクは藪の中のトウヒ（マツ科）の後ろに隠れるのがやっとだった。数メートル離れた目の先を4つの黒い塊があっという間に走り過ぎた。ほんの数秒間の出来事だったが、これがここでのクマとの初遭遇だった。

ブルックスキャンプに到着したら、まず全員がレンジャーステーションで、クマに対する安全講習を受けなければならない。

「クマを見つけたら目を合わせないようにして彼らに道をあける」

「森の中を歩くときは常に音を出してクマに自分の存在を知らせ、驚かさない」

「子連れのクマは特に凶暴なので80ヤード以上の距離を置く」

「食べ物を持ち歩かない」……

とにかくクマが何をしたいのかを理解して、我々人間は一歩下がらなければならない。しかし、突然クマが走ってきたらどうするか？　そんな経験のないみんなは一斉に逃げ出し、経験を積んでいるはずのレンジャーもパニックになったら同じだった。ここはクマたちのテリトリー。腹を空かせた仔グマを連れた母グマは、自分たちのテリトリーに勝手に侵入してきた人間たちを見つけて、餌を取られないように突然走り出したのだったが、机の上での講習など、実際に野性を相手にしたら、あまり役に立たないことを思い知らされたのだった。

カトマイ国立公園はアンカレッジの西南に位置し、秋田県とほぼ同じ面積を持つ国立公園だが、陸上からの交通の手段は全くなく、アンカレッジまたはホーマーからキングサーモンへ入り、そこから小型の水上飛行機で入るしかない。それだけに人間の手付かずの自然が残されているのだが、何といっても、ここはブラウンベアーの生息地で、特に公園内は彼らの生活が完全に保護されている。

だから、ここでは先住者のクマさんたちがなんでも最優先、人間は侵入者として彼らを遠くから覗き見ることが許されているだけなのだ。

6月末、このブルックス川に何万匹というサケの大群が上りはじめると、それまで山の中で草や木の実を食べていたクマたちは、こぞって川に下りてくる。そして、川の中ほどにあるブルックス滝が彼らの絶好の狩場となり、それを見ようと人間たちが、川辺に作られたプラットホームに鈴生りに溢れるのである。

ここにいるクマたちはブラウンベアーで、アラスカのデナリ国立公園など、山の中にいるグリズリーとは少し違う。グリズリーの方が大きいと思われがちだが、サケをたっぷり食べて栄養をつける、海側に棲むブラウンベアーの方がひと回り大きいのだ。1年のうち半分は冬眠しているから、彼らにとって、この夏場の半年が生きるための正念場となる。だから卵をたっぷり貯えた栄養満タンのサケを、毎日食べて食べまくり、冬場に備えるのだが、春先と比べ、冬眠前の秋ではそれぞれ50キロくらい体重が増え、艶のある毛皮に被われた見事な体格になる。

それに比べて、人間の釣り人はとても可哀想だ。

「キャッチ＆リリース」がスポーツフィッシングのルールだとはいえ、この川に溢れるサケをいくら多く釣り上げても、1日に持って帰れるのはたった1匹だけと聞いた。

ブルックスロッジからオックスボウ池を抜けると、雑木林のトレイルになる。ここからブルックス滝まで約20分のハイキングだ。踏み固められたトレイルを少し外れると、ふかふかとした地衣類の苔の絨毯が疲れた足に気持ちいい。道端には野苺の白い花が存在を誇示するように咲いていた。ボクは「クマさーん、クマさーん!」と大声で叫びながら歩いた。

　みんなが「ヘイ・ベアー!」と英語でやっているから、ボクはわざと日本語でやった。するとこれが通じたのか本当に2頭の若いクマが藪の陰から現れた。こちらは1人だったので少し緊張したが、先日の親子グマとの教訓があったのでパニックにはならなかった。クマと目を合わせないように「クマさーん、クマさーん」となおも独り言のように語りかけると、2頭は危害の心配がないと

わかったのかどこかへと去っていった。クマたちも人間が踏み固めた歩きやすいトレイルを好んで歩くのだった。

ブルックス滝には朝早くからすでに3頭のクマたちが水の中に入ってサケ漁を始めていた。ここでは縄張りがあり、若いクマは滝つぼの上で待ち構えジャンプするサケを捕まえるが、強いクマや年寄りグマはサケが密集する滝つぼの下で悠々と漁をしていた。それでも一番強いオスが来るとみんなが場所をあけた。

ここで一番強いオスは黒い毛がふさふさと輝き、筋肉は盛り上がり、どこから見ても貫禄があった。彼が来ると他のクマたちはうやうやしく場所をあけたが、その日彼は滝つぼでは漁をせず、広い川の中ほどでいきなり水の中へジャンプして難なくサケを捕まえ、すぐに森の中へ消えた。彼は決して食べるところを人前で見せなかった。

最初の日に出会った母グマには3頭の子供たちがいた。昨年春に生まれた1歳児だが、「べーべー」といつも甘えてくっついて離れない。母親は乳離れまでの2~3年間、子供たちといつも一緒だ。そして、野性で生きていく全てを教える。クマの世界は完全な母子家庭で、父親は誰かわからない。しかもオスは子供たちを見ると殺してしまうのだ。食べ物の少ない自然界で種族を維持するための摂理の1つとはいえ、実際に起きた話を聞くと悲しくなる。母さんグマは、サケの多い滝つぼで漁をして、子供たちに腹一杯食べさせてやりたいのだが、危険なオスグマたちを恐れていつも安全な川下の池で漁をしていた。それでもサケはいっぱいいた。仔グマたちは母親の漁を岸辺でおとなしく見つめているが、母親がサケを捕まえると我先にと川に飛び込んで奪い合った。なんだか夕食のおかずを取りっこした自分の子供時代を思い出して笑ってしまった。

1日中クマたちと過ごし、夕方迎えに来たエドの水上機でキューリックロッジに帰ると、マネジャーのピートがブランデーのボトルを抱えて迎えてくれた。釣り師たちを「魚臭い」とからかい、ボクには「クマ臭い」と冗談を言った。

酒を空っぽの胃に流し込むと疲れも吹っ飛んだが、いつも貧乏旅行をしているボクには、このもてなしがどこかこそばゆかった。

夕食までの時間つぶしに揺り椅子に揺られながらノンヴィアヌク湖の波の音を聞いていると、北極地リスが遊びにやって来た。夕食の合図の鐘が鳴ると、今度は裏山に棲んでいるキタキツネが降りてきて地リスを追っ払った。短いアラスカの夏は、ここではゆっくりと過ぎていった。

クマたちの森でキャンプ――レイク・クラーク国立公園
Lake Clark National Park and Preserve

アメリカの国立公園を全部踏破して写真集にするためいろんなところを訪れたが、今回はクマたちの森でただ１人キャンプして、恐怖で眠れなかったアラスカのレイク・クラーク国立公園の思い出を記す。

レイク・クラーク国立公園はグリズリーのサケ漁で有名なカトマイ国立公園と同じく、公園にアクセスできる道路はない。アンカレッジから小さな小型飛行機で１日１便出ているイリアムナ（Iliamna）という公園の近くの村まで行き、そこから今度はボートで川を北上した。イリアムナにはＢ＆Ｂが１軒とロッジが１軒ある。ハンターと釣り人相手に暮らす小さな村だった。そしてこのロッジでいつもは釣り客のガイドをしているウィルという小父さんと交渉して、彼のボートで２時間かけてレイク・クラーク国立公園まで運んでくれることになった。

ウィルは１人で写真を撮るためにクマたちのいるクラーク湖まで行きたいと言うボクに「なんて物好きな？」と不思議な顔をしたがそこはビジネス、２時間かけて一番景色のよさそうな場所に降ろしてくれた。

「２日したら迎えに来るよ。グッドラック！」

と最後に見る人間が帰ってしまうと今度は急に寂しくなった。

ここら辺はブラウンベアーの生息地で、どこへ行ってもクマに会う。そんな中に１人でやってくるなんて、なんて物好きな男だろうと後悔してももう遅かった。クマとのトラブルは避けたいが、全米58カ所の国立公園を全踏破するためにはここを避けては通れなかった。

テントを張り終えて辺りを散歩すると急に胸騒ぎを覚えた。いたるところにクマの足跡と新しい糞を発見したからだ。ウィルは「クマは川の支流でサケを捕るのでこの辺は大丈夫だ」と言ったはずだった。しかしその〝大丈夫〟は彼がここでキャンプして確認したわけではなかったのだ。イリアムナのロッジにいたプロのハンターは1人でキャンプするというボクに「ガンは持っているのか？」と聞いた。よく見ると釣り人の多くが釣り竿の他に銃を携えていた。ボクが持っているのはクマよけのスプレーだけ、クマに襲われたらこんなものは何の役にも立たないだろう。

湖での最初の仕事は、食料をテントから離し木の枝につり下げて河原に落ちている薪を集めることだった。雑木林から河原に通じる歩きやすいところはクマたちが通るケモノ道になっていて、その藪の

中にはまだ新しい食い残しのサケが転がっていた。

　クマたちはすでにボクがいることを知っているはずなのに、どこにもその気配を見せなかった。最初に藪の近くに張ったテントを藪から離し、水際に張り直した。

　早い夕食を済ませると赤々と薪を燃やし夜に備えた。幸いなことにアラスカの夏の夜は短い。陽は10時過ぎに沈み朝の5時にはまた昇る。この短い夜を乗り切ればなんとかなる。ボクは焚き火の近くに寝袋を敷き一晩中起きていようと頑張ったが、疲れた体に睡魔は容赦なく襲いかかり、夜明けを待たずにテントの中に倒れ込んだ。

　次の日は快晴。1人だけの生活は気ままだ。衣類を着たまま湖に飛び込み洗い、木の枝に吊るして乾かすと素っ裸で心地よい昼寝を楽しんだ。すぐ近くの木の上では白頭鷲がサケを狙っている。アラスカの夏は人

にも動物たちにも優しかった。

しかし夜になるとまた心細くなってくる。昨夜よりもっと赤々と薪を燃やし、自分の存在をクマたちにアピールした。

最後の朝、いつものようにスコップを手に離れた藪の中に用足しに行くと、少し様子が違っていた。なんとしっかりと埋めたはずのトイレは掘り起こされ、なにも残っていなかった。クマが夜のうちにやってきてボクの排泄物を食べたのだ。ボクは一瞬グエーッとなったが、しかし次の瞬間1人で笑い転げた。

テントをたたみウィルが迎えに来るのを待った。緊張した3日間だった。大自然の中で人間のちっぽけさを知らされる旅だった。しかしここのクマたちはボクに一生忘れられない思い出を作ってくれたのである。イリアムナのロッジに帰り着きそこでパークレンジャーと出会った。彼はボクに言った。「君があと一晩あそこでキャンプしてたらクマたちは必ず襲ってきただろう。彼らはもう君の味を知ってしまったし、もう1つ自分たちの漁場からストレンジャーを排除しなければならないからね」

地球で一番大切なもの――北極圏の扉国立公園

Gates of the Arctic National Park

アラスカ最後の秘境と呼ばれる、北極圏の扉国立公園（Gates of the Arctic National Park）は北緯66度33分、北極圏境界線のすぐ北側に位置する。グレイシャーに覆われた北米大陸最北のブルックス山脈は剣のように天に向かってそびえ立ち、溶けたグレイシャーはアラトナ、ジョン、コバック、ノアタック、コユカック、そしてノースフォークなど北アラスカを代表する川の源流へと流れ落ちる。

一晩中太陽の沈まない夏と、反対に夜だけの冬。何千頭というカリブーが季節移動し、グリズリーやオオカミ、ウルヴァリンが棲む土地。この人間たちの侵入を拒み続ける究極の地へのアクセスは小型飛行機を使って湖に降りるしかない。

公園の南側に位置し、北極圏境界線から35マイル北にある村ベトルスはそんな究極の公園へ入る拠点になっていた。

この北極圏の扉である国立公園はボクにとって全米58カ所の国立公園踏破の最後の扉となっていた。ベトルスに1軒だけあるロッジ、「ベトルスロッジ」は宿泊の他に北極圏へのエアーサービスもやっている。ロッジでセスナをチャーターすると、若いブッシュパイロットのタイラーが、ボクの相談にのってくれた。

タイラーは25歳。このロッジの経営者で父親のダンも、そして母親のリンダもパイロットである。彼はこの小さな村で生まれ、小さい頃から父親の操縦でこの山々の上を飛んでいる。ブルックス山脈は彼にとって遊び慣れた裏庭みたいなものだった。パイロットのライセンスをとってからもコマーシャルエアーラインのパイロットには見向きもしない、なるべくしてなったブッシュパイロットだった。

ボクはタイラーの助言でアリゲッチピークス（Arrigetch peaks）の上を飛び、その東側に位置するタカウラ湖に着水してそこでキャンプをすることにした。

重い水上フロートを付けたセスナはゆっくり飛び立った。見渡す限りのツンドラの原野がやがて氷河の山並みに変わると、切り立ったブルックスの山々がす

ぐに目前に迫ってきた。強風に吹かれて小型機は木の葉のように上下した。これまでいろいろと危険な目に遭ってきたが、クマたちの森でキャンプしたときも、デスバレーの砂漠で車が横転したときも、不思議と死ぬ気はしなかった。今回も冷静だった。

若いタイラーを信用していた。彼はボクの国立公園全踏破のために自分のことみたいに喜んで協力してくれた。

前方の空には雨雲が湧き上がり、真っ黒な雲から雨のカーテンが激しく流れ落ちている。タイラーは雨雲を避け、稜線を練りながら山肌にくっつくくらいの高度で旋回していく。ボクは離陸前に彼が教えてくれた針のようにそびえ立つアリゲッチピークスに伝わる先住民アレウト族の伝説を思い出した。この尖った峰は彼らが守り神と信ずる大巨人の大きな手で、今でも空に突き出る大きな手の伝説が語り継がれている。信じるモノは救われる？　ボクは木の葉のように揺れるセスナの中でその守り神に祈った。

窓を開けてカメラを握る指先が凍えてマヒした。そして空からの撮影に満足したボクがタイラーにＯＫサインを出すと、機はゆっくり下降して無事にタカウラ湖に着水した。

タカウラ湖には住民がいた。

アメリカの国立公園の中にネイティブ以外の人間が住んでいるのは大変珍しいが、しかしスチーブとケイの夫婦はここが国立公園になる１９８０年より以前から住んでいるために国立公園になってからも住む権利があるという。スチーブはアラスカ大学の教授でケイも教鞭をとっていた。

２人は金鉱探検家が建てたという古いキャビンを買い取り文明からエスケープして、第２の人生をこの湖の畔に求めた。人間にとって一番大切なものがここにはある。お金では買えない大自然を共有する２人は世界で一番贅沢な人間に見えた。

ボクは反対側の湖畔に自分のテントを張ると、この夫婦を訪問することにした。タイラーが帰り際に無線でボクのことを紹介してくれたのだ。膨らませたゴムボートを漕いで、お土産には日本から持ってきた羊羹を１つ。

夫婦は珍しい訪問者に大変喜んだ。そして知っている限りの日本語で歓待してくれた。毎年夏の終わりに決まってやってくるグリズリーの話や、すぐ湖の近くを横切るカリブーの群れ、植村直己さんがマッキン

リー山で亡くなる前に会ったこと。優しい夏の日差しを浴びながらボクたちの話ははずんだ。やがて2人のディナーの誘いを丁重に断わったボクは自分の小さなテントに帰ってきた。短いここでの滞在中、今度は心ゆくまで自然と溶け込みたかった。夏の夜はここでは長い。波の音を聞きながらいつまでも沈まない太陽の下で本を読んだ。目をつむるとこれまでの国立公園の旅が走馬灯みたいに思い出されてくる。途中で止めようと思ったことが何度もあった。

しかし7年かけて全部の国立公園を踏破できた。今、心の中は充実感で満たされている。誰よりも多くの違った自然を見てきた自負がある。そして多くのことをこれらの旅で学んだ。

その中で一番大切なことはこの美しい自然を次の世代に残すこと。いくら文明が進んで、人の生活が変わっても、次の、次の、次の世代までもがこの同じ自然を見ることができたらなんて素晴らしいことだろうと思うのである。

ジョン・デンバーとケニコットの銅精錬所——ランゲル-セント・エライアス国立公園

Wrangell-St.Elias National Park

ここまでくるとさすがに地球の端まで来てしまったような気分にさせられる。周りは獣たちさえも立ち入らないくらいの山々が峰を連ね、何万年も前に凍り付いた氷河の端っこが気の遠くなるような時間をかけて溶けて流れ、いくつもの川を作っている。

ランゲル-セント・エライアス国立公園は東側のカナダのクラーネ国立公園と峰を接し、面積ではアメリカで一番大きな国立公園だ。

イエローストーンの６倍という広大な土地は、その大部分が氷河と高い山脈によって占められていて、なんとその16の山々のうち、９つまでが北米大陸の最高峰にランクされている（1位はデナリ国立公園のマッキンリー山）。

過酷な条件で長い間、人間の侵入を拒んできたランゲル-セント・エライアス山脈だったが、１９００年代の初頭に銅の鉱脈の発見で、他のアラスカの金山と同じく人々がなだれ込んできた。ケニコットにできた銅の精錬所のおかげで、最果ての地に鉄道が敷かれ、鉱山の町には銀行が建ち、病院ができた。隣のマッ

カーティと合わせて人口は2千人に膨れ上がり、銅山の最盛期には24時間フル操業で、なんと年間59万1千トンの銅を産出したといわれるが、しかし１９３８年、世界的な銅需要の下落で鉱山は閉鎖された。

現在この地区には、年間を通じて30人あまりの人たちが住んでいるが、朽ち果てかけた古い建物は、今でも昔の面影を残したまま風雨に耐えて立っている。そして、その精錬所跡はこれまで何度か違う会社の手に渡って、現在はナショナルパークサービスが買い取り、修復してアメリカの歴史として残す努力がされている。

カメラマンのダイアンは、ガイドの夫とともにこの山に魅せられてマッカーティに住みついてしまった1人だ。この精錬所が国立公園の所有になってから彼女はガイドの仕事を得た。短い夏の間訪れる観光客のために古い建物の中を案内し、銅山の歴史を説明する。ダイアンは仕事中でも古い一眼レフのカメラを離したことがない。彼女のカメラにはモノクロームのフィルムが入っていた。白黒でこの山と歴史を記録しているのだ。彼女の案内で朽ちかけた太い木材の建物の中を、ギシギシと足音を立てながら歩いていると、緑色に腐食した銅のかけらが残る機械のそばから山の男たちがひょっと現れ出るような気がした。ダイアンはそんな男たちと毎日話をしているのだという。彼女の頭の中には銅山の厳しい歴史が正確に刻み込まれていた。

〝夏草や兵どもが夢の跡〟まるで芭蕉の句そのもの、タイムスリップにあったような銅山の１

日だった。

ここはジョン・デンバーが生前愛した場所でもある。マッカーティに1軒だけあるバー「ロッジ（Lodge）」には、夕方になると三々五々、人々が集まってくる。暗くならない白夜の長い夜をビールの杯を交わしながらともに楽しむのか、小さな輪は時間とともにいつの間にか大きく膨らんでくる。デンバーもこの輪の中で語り明かしたのだろうか？　1人の男が興味ある話をしてくれた。ある年のクリスマスイブに、デンバーは精錬所の一番高い梯子の上に上ってギターを弾きながらここで作った歌を歌った。それは全米にテレビ放映され、忘れ去られようとしたこの最果ての銅山がまた人々の心に蘇ってきたのだ。精錬所を国立公園が買い取り、新しく生まれ変わらせたのはそれからである。ここに住む人たちはこの精錬所を誇りにし、この山を歌ったジョン・デンバーは今でも人々の心の中に生き

続けている。

翌日、ルーツ氷河に登った。靴の下にアイゼンを着けてザクッ、ザクッと氷河を踏み締める。グレイシャーブルーが青空にさらに輝きを増し、乾いたのどに溶けたばかりの水を流し込む。何万年か前に凍り付いたこの氷の上に仰向けになると、人間の一生なんて、なんてちっぽけなものかと思い知らされる。1羽の鷲が雪をかぶった山よりももっと高く旋回していった。

イーグル・レディ　ジーン・キーンと鷲たち――ホーマー

Homer, Alaska

ジーン・キーンのトレーラーハウスは細長い岬のそのまた端っこの浜辺にあった。強い海からの北風から身を守るように、トレーラーと小さな物置きが、直角にひっそり肩を寄せ合うように並んでいた。

アラスカの冬は暗くて長い。朝の10時過ぎにようやく夜が明けて、夕方4時には暮れてしまう。ジーンはボクがくるのをトレーラーの小窓から見ていて、先に外に出て待っていた。

「私の子供たち（鷲）が腹を空かせて待っているのよ。これから餌をあげなければならないけど、あなたは私のパテオ（小さな庭）から写真を撮りなさい。危ないから外に出てはだめよ」

ジーンが魚の詰まった重いバケツを引きずって砂浜にでると大きな鷲たちがどこからともな

く集まってきた。鷲に混ざって何百羽のカモメやカラスたちも集まり賑やかな朝食が始まった。アメリカのシンボル白頭鷲は一時期絶滅の危機に遭ったが、人々の手厚い保護のもと現在は南はフロリダから北はアラスカまで幅広く見られるようになった。しかしそのアラスカでも鷲を間近くで見るのはなかなか難しい。

有名なヘインズのイーグル祭りは、サーモンが川を昇る秋口にヘインズのチルカット川に集まる鷲を見ようと人々が集まるようになってから始まったものだが、しかし至近距離から姿を見られるのは冬の間ジーンが餌付けしているこのホーマーだけで、その噂を聞きつけて世界中から動物カメラマンが集まるようになった。それに伴いジーン・キーンは雑誌やテレビなどに取り上げられ、〝イーグル・レディ〟として世界的に有名になったのである。

アラスカに住む人たちはエスキモーなど先住民を除いて大別して2つのタイプに分かれるという。1つは一昔前のゴールドラッシュに代表される、アラスカに出稼ぎに来てまた金を持って?.本土に帰る人たち。もう1つがアラスカの自然に魅了され住み着いてしまった人たち。ジーン・キーンはその後者に属する。

彼女が初めてアラスカにやってきたのは1973年、50歳のときだった。フェアバンクスの従兄弟の結婚式に出席したのが最初だった。その後ミネソタに戻ったジーンだったが、アラスカへの想いは熱病となって熱く心を奪っていった。54歳になったジーンは決心した。家財を売り払い、1万5千ドルでトレーラーを買ってまたアラスカへと向かったのだ。離婚してから10年目。1人の息子はミネソタに残したままだったが後悔はなかった。そしてここホーマーで水産加工の仕事を見つけると、キャンプ場のオーナーはジーンが1年中トレーラーを停めておけるよう許可してくれた。

動物好きのジーンはキャンプ場に集まる小鳥たちに餌をあげるようになったが、あるとき仕事場から持ち帰った魚を空中に放り投げると、近くにいた鷲があっという間にかっさらっていった。そしてその次の日からジーンが持ち帰る魚のバケツは2コになり、3コ、4コと増えていった。

1995年に会社を辞めたジーンの仕事は、鷲たちのための魚集めが主になった。鷲は1日に2～3ポンドの魚を食べ、300羽に増えた彼らには800ポンドの魚が必要になる。初めの頃はジーンの行動を変人扱いし、反対する漁業関係者もあったがジーンは挫けなかった。翌年の冬、顔を覚えた鷲がまた彼女のトレーラーハウスに帰ってくると、餌付けをほっぽり出すわけにはいかなかったのだ。やがてジーンには動物愛護団体などから応援の手が差し伸べられるようになり、昨年のイーグル祭りでは特別表彰を受け、これまでの功績がたたえられた。

ホーマーを去る前の夜、ボクはジーンを誘って夕食に出かけた。80歳近いジーンは目を疑うくらいおめかしをして真っ赤なジャケットでレストランに現れた。

両方の指にはそれぞれ3個ずつの大きな指輪が光り、ルージュの口紅に細切りのタバコが似合った。毎日魚まみれの生活でも、女としての自分の生き方を忘れないジーンの粋を感じた。

「毎年クリスマスが来るともう今年で終わりだと思うのね。でもこの子たちを見ていると勝手に止めるわけにいかないの。それにこんな魚臭い仕事をただでする人なんかいないしね」と大きな眼鏡の奥が光った。冬の寒さはジーンにはことのほかこたえるに違いない。ミネソタに住む息子は母親に一度も帰ってこいとは言わない。

その代わり小さなコンピューターをプレゼントした。ジーンは長い冬の夜、電気毛布にくるまって浜辺のトレーラーハウスから世界中の友人たちとメールで交信する。つけっ放しのラジオからは60年代の流行歌が流れていた。

ジーン・キーンは2009年1月13日に85歳で亡くなった。そして同時に野生の鷲たちに餌をやることは禁止された。しかし長い間、餌をもらっていた鷲たちのことを思い、アラスカのホーマー市長はジーンが死んでから60日間は餌を与えてもよいと特別許可を出したそうだ。

あんなにたくさん集まっていた鷲たちは、今はどこへ行ってしまったのだろうか？

8

セロン野生動物保護区

（ノースウエスト準州、ヌナビット準州、カナダ）

The Thelon Wildlife Sanctuary, Northwest Territories & Nunavut, Canada

ツンドラの秋

何百と連なる湖の上を水上フロートを付けたセスナは飛んでいく。永久凍土のツンドラにびっしりと生えたベアーベリーの葉が真っ赤に色づき極北の大地は短い秋色に染まっていた。

セロン野生動物保護区はイエローナイフからさらに東へ４００キロの地点にある。

5万2千平方キロに及ぶ北米最大の保護区は１９２７年、絶滅の危機に瀕していたジャコウウシ（Musk ox）の保護のために創設された。以来人間の開発から免れたこの地には、太古と変わらぬ営みを続けるジャコウウシの他、カリブーや北極オオカミなど珍しい動物たちの姿を見ることができる。

〝氷河時代の生き残り〟と呼ばれるジャコウウシは９万年前にまだベーリング海が陸続きだった頃歩いて北米大陸に渡ってきた。そして現在一番多く生息するのはバンクアイランドやビクトリアアイランドなど北極の島々で、セロン野生動物保護区では絶滅から回復したジャコウウシたちが、人間たちの虐殺から逃れて数は少ないながらも平和に暮らしていた。

水上セスナ機でベースキャンプのあるホワイトフィッシュ・レイクに着水してから、ボクはガイドのボブと２人で今度はボートでセロン河を保護区内へと遡った。飛行機の上からジャコウウシの大体の居場所は確認してあったが、ツンドラの大地では方角がさっぱりわからない。ここで頼りになるのは気象衛星に電波を飛ばし現在地点を把握するＧＰＳだけだ。ボクたちは乾いた見晴らしのよい大地にテントを張って秋の夕暮れのひとときを楽しんだ。

「普段の年だったらこの辺りを何十万頭ものカリブーの大群が移動していくんだ」とボブが少し寂しげに言った。せっかくこんな遠くまでやってきたのに、肝心のカリブーは今年は移動経路を変えてこの辺では１匹も見ることができなかった。そんな山男の慰めが心に優しかった。

夕食を済ませると、寝転んでオーロラが現れるのを待った。つい先週（８月）までは白夜でオーロラは見ることができなかったが、９月になり急に夜が長くなった。そして今夜は雲がなく絶好のチャンスに恵まれた。夜10時、まだ水平線に黄昏の明かりが消えないうちに一筋の薄い霧みたいな雲が見る見るうちに緑の色に変わりオーロラになった。やがて光のカーテンは眩いばかりに天空いっぱいに広がり、強くなり弱くなり夜を徹して踊り狂った。

オーロラの写真を撮るため一晩中眠れなかったが、明け方さすがに疲れて熟睡していた。しかしコーヒーのカップを持ったボブのウエイクアップ・コールで目が覚めた。昨日はあんなにいい天気だったのに今日は低気圧が迫っていて雨になりそうだという。ツンドラの秋の天気は1日で急変する。

ボクたちはボートを降りてスポンジみたいにふわふわのツンドラの原野を歩き出した。ジャコウウシがいた辺りに見当をつけて風下からアプローチする。ボブの押し殺した低い声が聞こえた。ジャコウウシの群れを発見したのだ。遥か彼方の丘の上、まだ3キロはあろうかと思われる距離だが、彼はボクのカメラの三脚を角みたいに頭の上にかかげてカリブーになったつもりでボクにはその後ろをくっついて歩くよう指示した。

群れまであと３００メートルという地点で若いオスに気づかれた。

　しかしこのオスは群れから追い出されたはぐれ牛だ。群れの中心には一回り大きなオスがいてこれが15頭あまりのメスを引き連れたハーレムの王だった。若いオスは群れの外からメスを横取りしようとちょっかいを出すが、この王様にいつも角づくで追い出されていたのだ。ボクたちはここから先を匍匐《ほふく》前進に切り替えて少しずつ群れの本体に迫った。80ヤードまで近づいた。ハーレムの王様はボクたちにとっくに気がついているはずなのに、意にも介さずメスたちとの営みを繰り返していた。ところがこれがとても早い。乗っかって2、3秒で終わりだ。そしてすぐに次のメスに挑む。ハーレムの王にとって種族を増やすのが最大の目的、それには強く、早くなければならない？　ボクたちはこの王様に〝早射ちマック〟と命名してハーレムの一日をため息つきながら楽しんだのだった。

　極北の秋は駆け足で過ぎてゆく。初めにベアーベリーの葉が赤くなり、それからアスペンが黄色くなり、最後にバーチが色付くとすぐに冬になる。この厳しい冬を果たしてどれだけの野生動物たちが乗り切ることができるのだろうか？　ツンドラに朽ち果てようとしているカリブーの角を夕日が赤く染めた。ここでは自然の掟に従い、動物たちは土から生まれ、そしてまた土に帰っていく。

9 チャーチル

Churchill, Manitoba, Canada

（マニトバ州・カナダ）

北海の王様ポーラーベアー

吹雪になった。凍て付いたツンドラの大地を、耳を切るようなうなり声を上げて風が走り抜ける。地表の雪を下から巻き上げ、鉛色に鈍く光る氷の上を白い渦を作りながら猛烈なスピードで移動する。ボクたちが泊まっている重いバギー車ごと吹っ飛ばしそうな勢いで、吹雪は毎晩続いた。この自然の猛威の中で、人間も動物も秘かに息をしながらときの過ぎるのを待つしかない。冷酷な北国の自然はそんなちっぽけな生き者の存在を嘲笑するかのごとく、荒れ狂いそしてやがて去っていった。

11月、ハドソン湾が厚い氷に覆い尽くされるとポーラーベアーの季節がやって来る。夏のあいだ海岸で、海草や苔を食べて飢えをしのいできたクマたちは待ち焦がれたアザラシ漁が始まる前のお祝いでもするかのように、あるいは離ればなれになっていた旧知の友との再開でも祝うのかのように漁に出かける前のひとときを、このハドソン湾の南にあるチャーチルに集まり、つかの間の仲間との交流を持つのである。

吹雪が去った朝、やっと昇ってきた弱い太陽の光に目を覚ました若いオスグマが全身雪まみれで穴から這い出てきた。そして同じくらいの年代のオスを見つけると、お互いに近寄りじゃれ合いが始まった。2匹は数日間ずっと一緒で、噛み付き、叩き合い、押し合い、まるで人間の子供がプロレスごっこするように取っ組み合う。しかしこれはあくまでじゃれ合いで決して鋭いカギ爪で傷付けるようなことはしない。オスたちは長い苦しい夏を乗り切り、また仲間と再開できた喜びと、しかし次の春にはメスを廻り真剣勝負で渡り合わなければならない運命に、自分の力を試しているのである。メスは決して取っ組み合いのプロレスをすることはない。彼女たちは、戦いに勝ったオスと春に交尾し、1月から3月に子供を産む。妊娠したメスは、アザラシを追って遠くまで氷の海に出かけることはなく、近くの雪の巣穴に穴ごもりし子供を産み育てるのである。

生まれる子供は大抵2匹だ。しかし子供を連れた母親には今度はオスグマからの悲劇が待ち受けている。子供が乳離れするまでの約2年半、母親は子供に付きっきりでオスには見向きもしないために、オスは小さな子供を殺して母親の目を自分たちに向けさせるのである。親子連れにとって一番の恐怖はこのオスグマとの遭遇であり、母グマが常に鼻をひくひくさせ鋭い嗅覚で嗅ぎ回るのは、恐いオスのにおいに他ならない。

　このクマたちがどうしてこの季節ハドソン湾の南に集まり、氷の海に旅立つ数週間を一緒に過ごすのか科学的には証明されていないらしいが、ある日突然クマの姿が見えなくなるまで人間たちのクマ狂想曲は最高に盛り上がる。一度ここに訪れた人たちは誰もが一様に幸せな気分にさせられる。そしてそのうちの何人かは毎年取り憑かれたようにこのクマ見物にやってくる。

　こんな人たちを土地の人たちは『北極の虫に噛み付かれた』と笑うが、しかしこの愛らしいクマたちに一度でも接したらそれは簡単に納得がいくだろう。ボクもどうやらこの北極の虫に噛み付かれてしまった1人

らしい。来年の春先には新しく生まれた小さな小熊が穴から出てくるところを撮りに行きたいと、早くも心は北に飛んでいるのである。

10 ワプスク国立公園

Wapusk National Park, Manitoba, Canada

（マニトバ州・カナダ）

ポーラーベアー母子の旅立ちの日

北国の2、3月はオーロラ観測に一番適している。カナダ最北チェズニーのワプスク国立公園ではオーロラの他に、北海に旅立つ前のポーラーベアー母子を撮影するために世界中からカメラマンがやってくる。

昨年の11月、ハドソン湾の南にあるチャーチルでポーラーベアーの群れに出会ってからボクはすっかり彼らの虜になってしまった。そして2月末オスグマたちが集まった海岸からすぐ近くの雪が高く積もった、ワプスクの海岸線が今回の目標だ。そこは妊娠した母親が巣穴に籠り厳しい冬を乗り越えた春、生まれたばかりの愛くるしい子供と一緒に巣穴から出てくる瞬間が見られるのだ。そしてこの撮影がうまくいったら今度はカナダの東側ケベック州のセントローレンス湾内に浮かぶマドレーヌ諸島に飛んで世界で一番可愛いといわれるタテゴトアザラシの子供の撮影に行く予定を立てた。

ワッチーロッジはチャーチルの南、チェズニーの氷原の中にたった1軒だけ建っている小さな小屋だ。カナダ軍が監視所として使っていたところをカナディアンインディアンの3兄弟（ジェイムス、マイケル、モリス）が買い取り、2月から3月の1カ月間だけ、ポーラーベアー母子のウォッチングツアーに開放する。14人泊まれる小屋はシャワーもない2段ベッドの粗末な造りだが、しかし極寒をしのぐには十分な設備だった。

これより半年前の11月、オスグマたちは凍り付いた北海の海へアザラシ漁に出かけ、妊娠しているメスはその時期一緒に旅立たずここから少し南のワプスク国立公園の海岸線に巣穴を掘り、子供を産み育てる。そして、高カロリーの母乳で育った仔グマは2月末から3月に、母親と一緒に北海へとアザラシ漁に旅立つのである。カメラマンにとって、この母子グマが穴から出てくるほんの数週間が1年に1度の撮影チャンスになるが、あいにくこの時期は天気が一進一退で変化する。ボクが着いた日は運悪く寒波の来襲で、気温はマイナス27度まで下がった。風が強く体感気温はマイナス60度近くにまでなるだろう。クマの親子を見つけるために、みんながスノーコーチ（雪上車）とスノーモービルに分乗して氷の原野を探し回るのだが、広い氷の原野で小さなクマの巣穴を見つけるのは至難の業である。おまけに寒波で2日間も小屋の中に閉じ込められたおかげで、ほとんどの母子が北海へと旅立ってしまったのだった。

寒波が去って太陽が顔を出すと、氷片が風に飛ばされキラキラとダイヤモンドダストになって輝き、ボクたちはジェイムスとモリスをガイドに、母子グマを探しにもっと遠くまで1人乗りのスノーモービルで移動した。凍り付いた道なき原野を走るスノーモービルの運転は、激しいスポーツをしているみたいだ。氷の斜面に乗り上げジャンプし、穴に落ち、氷の湖では横滑りに吹っ飛ばされる。体中がガクガクきしみ、心臓が高鳴った。

午前10時、3時間かかってようやく母親と小さな仔グマを見つけた。騒音に驚いて逃げ回る母子がすぐ先

にいた。仔グマは1頭だけだ。普通2、3頭の仔グマが生まれるが、この極寒の環境で全部が無事に育つのは難しい。この母親は、1頭だけ残った仔グマに持てる限りの愛情を注いでいた。母親は仔グマが乳離れするまでの約3年間、片時も離れず一緒に生活する。仔グマの父親は誰かわからない。母子にとって一番の敵はこのオスグマだ。交尾するために、邪魔な仔グマを殺して母グマの気を引くのである。

　この母子にとって、その日は長い旅の1日目だった。3カ月近く過ごした巣穴がすぐそばにある。ボクたちが危害を加えないとわかったのか、母子はこの日旅立ちを諦めて、暖かい日溜まりで1日中過ごした。仔グマは母親の愛情を1人占めし、わんぱくぶりを発揮する。「大きくなってまた帰ってこいよ」と、思わず声援を送らずにはいられなかった。短い北国の太陽がオレンジ色に輝き、この白い親子をピンク色に染めた。

11 マドレーヌ諸島
Magdalen Islands, St. Lawrence Bay, Canada
（セントローレンス湾・カナダ）

〝世界一可愛い〟タテゴトアザラシの子供

みんなに〝写真馬鹿〟と笑われようがワプスク国立公園での母子グマの撮影がうまくいったので、今度は計画していたタテゴトアザラシに会うためにカナダ東岸のケベック州マドレーヌ諸島沖に広がるセントローレンス湾への旅を実行に移した。ボクの他にもう2人の〝写真馬鹿〟がいた。彼らはヨーロッパから来たカメラマンだった。お互い英語があまり得意でなかったのでそれまで話さなかったのだったが、これからの予定を聞いてみるとボクと同じ、今度はタテゴトアザラシの子供の撮影に行くという。タテゴトアザラシの出産は2〜3月で、この機を逃すとまた1年待たなければならない。彼らはセントローレンス湾でクルーズ船に乗って氷原に運んでもらい、そこでアザラシに会うのだという。ボクはシャトー・マドリノというホテルのツアーで、ヘリコプターで氷原まで運んでもらいそこでアザラシに会う計画だ。お互い行き先は違うが握手を交わし健闘を励まし合った。

飛行機を乗り継ぎようやくカナダの東、セントローレンス湾にあるシャトー・マドリノまで辿り着いた。ここも同じく全てが真っ白い厳冬の地にあった。ホテルでは何人かの日本人に会った。タテゴトアザラシの人気は日本でも絶大でこのホテルがやっている氷上のヘリコプターツアーは大人気なのだという。

毎年厚い氷で覆われるカナダ北東部のこのセントローレンス湾は大西洋北西部に3カ所あるタテゴトアザラシの繁殖地の1つで、北極地方からやって来た妊娠中のメスは出産に適した厚い氷を探して子供を産む。生まれたばかりの子供は薄い黄色の毛皮に包まれているが、数日ですぐに真っ白い毛皮へと変わる。母親は数日間子供から離れず栄養たっぷりな高脂肪のオッパイを与えつづけ、子供は急成長するが、反対に母親は痩せていく。2～3日くらいしてもう大丈夫と見越した母親は子供を残し海中へと今度は自分の食事を探しに出かける。ここで一人残されたアザラシの子供ほど可愛い生き物はいない。半分眠っている子供に近付くとお母さんが帰ってきたものと勘違いしてつぶらな瞳で小さな泣き声を上げながら自分から近付いてくる。やがて氷の穴から顔を見せた本物の母親を見つけると腹を空かした子アザラシは喜び勇んで猛ダッシュで近付くが、母親はクンクンと匂いを嗅ぎ自分の子供と確認して初めてお乳をあげる。どんなに腹を空かして死にそうな子供がいても自分以外の子供に乳を与えることはないという。

そして2週間が過ぎ10キロしかなかった体重は30キロ以上に増え、真っ白い毛皮は母親と同じ黒褐色に変わってくる。それは母子の別れのときである。母親は氷に開けた穴から水中に誘い泳ぎを教え、そのまま子供と別れてオスたちが待つ北極の海へと帰ってしまうのだという。

タテゴトアザラシにも近年の地球温暖化で悪い影響が出ている。１９７０年代以降、北極海周辺海氷は減少を続け繁殖に適した氷が少なくなり個体数にも影響が出ているのだ。そしてボクが一番驚いたのはタテゴトアザラシは絶滅危惧種にはされておらず、毛皮や肉を売るための狩猟が主にカ

ナダ、ノルウェー、ロシア、グリーンランドなどで盛んに行われていることだ。その中でも生まれたばかりで真っ白い毛皮に覆われたこの子供アザラシの人気は絶大で、乱獲の被害に遭っているという。

どんな愚かな人間がこのあどけない生き物を殺すことができるのか。母親と間違えてボクに近付いてきたあのつぶらな瞳を思い出すたびに激しい怒りが込み上げてくるのである。

12 アーカディア国立公園 Acadia National Park, Maine （メイン州）

灯台巡りとパフィンに会う旅

白い灯台に潮の香り、アメリカの北東部メイン州の海岸をドライブしていると、まるで日本海の福井県や富山県の海岸にいるような錯覚に陥る。大西洋の荒波が切り立った崖を削り、冷えた空気が心地よい。この入り組んだ海岸線には大小67もの灯台が点在する。アーカディア国立公園は、エルズワースの東側、小さなマウント・デザート島の約半分を占める。58カ所あるアメリカの国立公園の中では5番目に小さな公園だが、年間のビジター数はベストテンに入る人気だ。

マウント・デザート島は18世紀後半からアメリカ北東部の金持ちの避暑地として栄えはじめ、

バー・ハーバーには今でも歴史を感じさせる洒落たホテルやレストランが建ち並んでいる。アメリカ最北のゴルフ場「ボバレー・ゴルフコース」もある。国立公園に指定されたのは１９１９年だが、主に財閥の所有地の寄付から成り、今では国立公園と個人の所有地がパッチ模様のようにくっつき合い境界線を主張している。この公園のアトラクションはいろいろあるが、少し欲張って、青い海に浮かぶ灯台巡りとマチャーイス・アイランドのパフィン（ツノメドリ）ツアーを加えると思い出深い旅になるだろう。

この灯台巡りにはポートランドでレンタカーを借り、国道1号線をドライブするのがいい。まず南に下りヨークビーチにあるネデック岬の「ナブル灯台」から出発する。小さな島の上に白い灯台が立ち、クリスマスシーズンにはライトアップして多くの観光客を楽しませる。絵はがきに一番多く登場する人気スポットだ。

ここから北上すると、エリザベス岬に、荒波に洗われる「ポートランド灯台」が見える。少し早起きすれば、大西洋に昇る真っ赤な太陽が見られる。フリーポートからバスの町を抜けて、１３０号を南下すると、その岬の突端に「ペマクイッド灯台」がある。長い年月、荒波に削り取られた岩盤が、まるで灯台を守るように横たわっている。園内にあるのは、「バス・ハーバー灯台」だ。ここではゆっくり夕日が沈むのを待ちたい。夕日が沈んだ後の残照に浮かぶ灯台は、１日のうちで最も美しい。

公園を出て、また国道1号線を北上し、１８９号線に入って、行き止まりが大西洋岸のアメリカ最北端ルーベックだ。カナダとの国境線の崖の高台に立つ「ウエスト・クワディー・ヘッド灯台」は、赤白の縞模様の派手な概観だ。訪れる人も少ない北端の地に1人立つと、足元に咲き乱れる赤いファイヤーウィードの花とはうらはらに、なぜか旅の感傷に襲われ心寂しくなる。

パフィン・ウォッチングのボートは、このルーベックから50マイル南にあるジョンズ・ポートとカトラ・ハーバーの2カ所から、天気のよい夏の間（メモリアルデーからレイバーデー）だけ運行している。パフィンは、正式にはAtlantic Puffin（ツノメドリ）と呼ばれ、アメリカで生息しているのはアラスカとメイン州の北部にあるマチャーイス・アイランドだけである。海のオウムとも呼ばれ、大きな

クチバシと、思わず笑ってしまう愛嬌のある顔が愛くるしい鳥だ。ユネスコの世界絶滅危機動物に指定されており、この島でも手厚く保護されていて、1日に島に上陸できる人数も滞在時間も厳しく規制されている。

この島へのボートを運行しているのがジョンズ・ポートのバーナ・ノートン船長だ。今年87歳になるノートン船長は、1940年からこの村に移り住みパフィンツアーを始めた大ベテランだが、今は息子のジョンにその座を譲った。しかし、ボートが出る朝7時前には毎日船着き場に現れて、客の1人1人と挨拶し、だじゃれを交えた会話でみんなの緊張をほぐしている。30人乗りのボートは約2時間で島に到着する。上陸できるのは15人だけだから事前予約は絶対必要だ。島には3、4人入れる大きさの穴の開いた木箱のブラインドがあちこちに置かれており、人間はその中から鳥を鑑賞することになる。岩だけの小さな島は、無人の灯台が1つあるだけで、約3千羽のパフィンと他の多くの海鳥の繁殖地となっている。地面の至るところに鳥たちの巣と生まれたばかりのヒナたちが氾濫し、これを踏み付けないように指定された通路を気をつけて歩かねばならない。時々親鳥が頭上から攻撃をしかけてくるから、頭上にも注意が必要だ。

箱の中から盗み見るパフィンたちは見られているとはつゆ知らず、思い思いのポーズで笑いを誘う。彼らの一挙手一投足に心奪われ、カメラのメモリーカードはあっという間に撮影済みでいっぱいになる。決められた2時間は瞬く間に過ぎ去り、後ろ髪を引かれながら、またボートの帰路の旅となるのである。

13

ホットスプリングス国立公園

Hot Springs National Park, Arkansas

（アーカンソー州）

アメリカで一番小さな国立公園

国立公園といえば大抵市街地から離れた大自然の中にあるものだが、このホットスプリングス国立公園だけは違っている。

日本でいえば、熱海や草津温泉が国立公園になったようなもので、それも町の中心部、バスハウスロウと呼ばれる2キロあまりの一角だけで、世界でも類のない一番小さな国立公園だ。

こんな小さな温泉地が国立公園になったのにはわけがある。18世紀初め、ここの温泉場は健康と美容のためにアメリカで最も人気のある観光地となった。多くの人々が列車で押しかけ豪華なホテルが建てられた。

湧き出る水は体によいという理由で汲み取られ、このままでは温泉自体が枯れてしまいそうになったのである。時の大統領アンドリュー・ジャクソンは１８３２年、ここを国の特別保留地に制定し無軌道な商業主義から保護し、そして90年経った１９２１年、国立公園に昇格した。

温泉といえば一般的には地下にある火山のマグマの熱による温水の噴出が考えられるが、ここの場合はこれもあてはまらない。この辺には活発な火山帯はなく、地質学者の研究によれば４千年も前に降った雨がこの地域だけにあるスポンジみたいに水を吸い取る特別な岩の中を通過して、地底深くまで浸透し、そして地熱で熱せられ、今度は逆に地上に噴出するのだろうといわれている。

ちなみに現在湧き出る温泉は４千年前に降った雨水で、温度は摂氏61・７度、ｐＨ値７・４、その他体によいいろんな成分が含まれているとされる。町の一角にはアメリカで一番美味しいといわれる、冷えた温泉の水飲み場

があり毎日人々が水を求めにやってくる。

　さて温泉好きな日本人には堪えられないこの国立公園だが、アメリカの場合はお風呂の入り方は日本とは大分違うので注意が必要だ。日本みたいに露天風呂や混浴なんていうのはもちろんない。

　町には多くの温泉付きホテルが営業しているが、一番有名なのはバスハウスロウの中心にある１９１５年にオープンした豪華なお風呂場だ。このお風呂は１９６２年に営業を中止したが、以後改装して国立公園のビジターセンターになり、風呂場はそのままミュージアムとして残されている。

　ミュージアムの中にはなぜかアーカンソー州知事から大統領になったクリントン氏のコーナーもあり、首をかしげるが、同じ風呂場でも日本のそれとは金のかけ方が違い、娯楽の少なかった当時の金持ちのアメリカ人たちがここの温泉場で過ご

したステイタスまで偲ばれる。

さてビジターセンターの隣にあるバックスタッフではホテルに泊まらなくても誰でも日本の銭湯気分でお風呂に入ることができる。入り方を説明する。

1 入り口で入場券を買い、ロッカーに貴重品を預ける。
2 案内人に従いドレッシングルームでバスハウス専用のシーツに着替える。
3 風呂場は約37度のお湯が張られた個人用のバスタブで約20分くつろぐ。垢こすりはオプショナルだ。
4 次はスチームルームに約2～5分入る。
5 今度は座り用のバスタブで少し熱目の42度のお湯に浸かり汗を流す。
6 テニスエルボーなどの怪我や痛みは特別ヒートパックの治療を受けられる。
7 ぬるめのシャワーに入り汗を冷ます。
8 このあとオプショナルでスウィーデッシュマッサージを受けることができる。
9 乾いたシーツで体を包み休憩室でひと休み。

これで心も体もリフレッシュというわけだ。もっとゆっくりしたかったら近くのホテルに泊まり、ホテル専用のお風呂に入ることになる。ここでも日本式のお湯がなみなみと張られた大きなお風呂はないが、前述のバックスタッフと同じくアメリカ式のトラディッショナルなサービスを全て受けられる。個人用のバスタブに浸かりバスボーイに少しチップをはずみ垢こすりやマッサージなど少し長めにやってもらった日には気分はもう天国で、たまにはこんな贅沢な日があってもいいだろう。

ホテルによっては宿泊費の中にマッサージなどのオプショナルも組み込まれているので、予約のときに確認が必要だ。

近代医療の発達や、ラスベガスなどの娯楽都市に押されてこの温泉場にやってくる人たちは減ったが、こんなユニークな国立公園があっても面白い。

14 グレート・スモーキー山脈国立公園

（ノースカロライナ州、テネシー州）

Great Smoky Mountains National Park, North Carolina and Tennessee

チェロキー族、涙の足跡

アメリカ合州国の頭部を南北に貫くアパラチア山脈。バージニア州北部からはシェナンドー国立公園に指定されてその山の中をブルーリッジ・パークウェイが走っている。そしてその終点はノースカロライナ州とテネシー州にまたがるグレート・スモーキー山脈国立公園へと達する。

ジョン・デンバーが歌った『カントリー・ロード』はこの辺りのことだ。紅葉で黄色く色付く山並みに秋の日は優しく、ハンドルを握りながら自然と『カントリー・ロード』の歌詞が浮かんできた。

グレート・スモーキー山脈国立公園は、ノースカロライナ州とテネシー州にまたがりユネスコの自然遺産にも指定されている。ノースカロライナ州からのゲートシティはチェロキーでチェロキーインディアンの居留地だ。

ピジョン川沿いの町は日本の温泉地を思わせるような、土産物屋が建ち並びカジノまである。長旅で疲れたボクは山に行くのを止めて早めにモーテルにチェックインして、チェロキー族のミュージアムを覗いてみた。

ここでも先住民に対する白人の迫害の歴史が語られていた。チェロキー族の最大の悲劇は1830年、連邦政府がチェロキー族の全ての領地をバージニア州に併合してから始まる。そしてこの土地に金が出たことから白人たちがなだれ込んできた。政府はチェロキー族の「強制移住法」を作りオクラホマ州に作られた収容所へと追いやったのである。1983年の冬、長い旅に出発したチェロキー族1万7千人は、厳しい冬と粗末な装備のためにうち4千人が死んだ。

この悲劇は「Trail of tears」（涙の足跡）と呼ばれ、白人たちが犯した合衆国の「恥」として語り継がれている。

現在このノースカロライナ州のチェロキーに住んでいるのは、アパラチア山中に立てこもり最後まで白人に対抗した数百人のチェロキー族の子孫たちで、政府は1948年にここをチェロキー族の居留地として承認した。これにはこの事件に心を痛めた良識あるアメリカ国民の後押しがあったといわれる。

　チェロキーからテネシー州まで国立公園を貫いているのがニューファウンド・ギャップ・ロードでテネシー州との州境でドライブすると最高地点、クリングマンズドーム（２０２４メートル）まで行ける。麓では木々が燃えるような紅葉を見せていたのにここまで登るとすっかり葉は落ちて冬枯れの山肌になっていた。しかし遥か足元の山々に雲がかかり偉大なるアパラチアの山々が一望できた。

　山々は夕日に淡く染まり、幾重ものシルエットが煙の中に佇んでいるみたいだった。テネシー州側の下りは快適だ。一気にシュガーランドのビジターセンターまで下りてここから川沿いをケイズ・コーブまでドライブすると、曲がりくねった川沿いの道は今が盛りの

紅葉に覆われていた。

ケイズ・コーブの中にはつい最近まで人が住んでいて、その住居跡や教会はそのまま国立公園の中に残っている。かつては牛や馬の姿で賑わったであろう牧場跡には今はエルクや鹿の野生の姿があった。

車を止めて藪の中を歩くと枯れ葉の匂いが心を落ち着かせた。ナナカマドの赤い実が昨夜の雨のしずくを朝日に輝かせていた。アパラチア山脈の大きな秋から、ボクはこの藪の中で小さな小さな秋を見つけたのだった。

15
ウインドケーブ国立公園、カスター州立公園（サウスダコタ州）
Wind Cave National Park, Custer State Park, South Dakota

草原の中のお隣さん

ロッキーの山々から果てしなく続く大草原（プレイリー）。サウスダコタにはバッドランドやデビルスタワー、それにこのウインドケーブ国立、国定記念物公園など自然の造型物が軒を列ね、それにラピッドシティから南に25マイル下ったブラック・ヒルズには4人の大統領の顔で有名なマウント・ラシュモア国立記念碑もある。

ラピッドシティの空港に降り立つと、すがすがしい高原の空気と草原の匂いがただよってきて、平和そうにバイソンの群れが草を食んでいる風景が広がっている。ボクはウインドケーブ国立公園のゲートシティ、カスターの町に旅の荷をほどくと通りの真ん中にあるダイナーで腹ごしらえすることにした。レストランの屋根には大きなバッファローの看板が立てられ名物のバッファローバーガーを注文する。折からの空腹にペロリと平らげたボクを見て、でっぷり太ったレストランの親父がすぐに寄ってきた。

「どうだいうちのバーガーは美味しいだろう！」

１人旅のボクにはこの親切が非常に身にしみる。コーヒーをもう１杯注文して親父の自慢話に耳を傾けると、隣の席のカウボーイも加わりこれから行くウインドケーブとカスター公園についてのうんちくが始まった。

ウインドケーブ国立公園とカスター州立公園は草原の中のお隣さんで、地下にあるのがウインドケーブで地上がカスター州立公園だ。ウインドケーブは洞窟の上に空いた小さな穴から空気が吹き上がっているのを、１８０１年に開拓者の兄弟によって発見された。１９０３年にアメリカで９番目の国立公園に指定され今年でちょうど１００年になる。洞窟の中は非常に狭くて、ひと１人がやっと通れるような暗い穴が続いている。なんとその長さは１００マイルにも達するらしくて、この洞窟の中で迷ったら大変なことになってしまう。一方カスター州立公園は大草原に生息する動物たちの天国で、公園内のワイルドライフループ道路をドライブするだけでいろんな動物たちを見ることができる。この動物たちの中でも人気者はプレイリードッグだ。

プレイリードッグはリス科の動物だが、その甲高い泣き声からプレイリードッグ（草原の犬）と呼ばれるようになった。公園内にはプレイリードッグタウンと呼ばれる一角があり、ここでは人にあまり物怖じしないプレイリードッグたちが巣穴から巣穴へと走り回り草をかじるのを間近に見ることができる。しかしこんなに可愛いプレイリードッグだが、彼らの人生？　いやドッグ生はそんなにハッピーではない。愛好派と虐殺派、生かすか殺すかの狭いはざまの中で小さくなって生きている。彼らを目の仇にしているのは主に牧場主たちで、プレイリードッグが牧草を食べてしまうという理由から容赦なく殺してしまう。それに輪をかけるように伝染病を媒介するということで毒殺されたり、あるいは開発業者による土地開発で生息地をブルドーザーで掘り起こされたり、銃愛好者と牧場主が組んだハンティングの標

的になったり、そして最近ではペットのプレイリードッグから媒介したモンキーポックス（サル痘）の流行で虐殺に拍車がかかっている。愛好者の方は彼らを安全な国立公園や野生動物保護区などに移す努力をしているが、破壊のスピードには追いつかない。

　そんな不幸な運命を強いられたプレイリードッグたち、しかし20世紀初頭にはメキシコからカナダまで広大なプレイリーに50億匹もが生息していたらしい。現在アメリカには5種類が生息するが、そのうちの数種類はすでに絶滅寸前にあり、多く見られるのはオグロとオジロプレイリードッグの2種類だけで、ここサウスダコタ州に最も多く生息する。動物学者の研究によれば、プレイリードッグが食べた後の草にはタンパク質が多く含まれ、バイソンやプロングホーンなどは好んでプレイリードッグの生息地の草を食べるというが、一度害獣の烙印を押されてしまうと頑固な牧場主たちの考えを元に戻すのは難しい。

　ボクはカスター州立公園のワイルドライフループ道路を何度も往復しながら、プレイリードッグタウンに立ち止まっては愛嬌ある仕草にシャッターを押した。彼らの巣穴は地下5メートル、長さ30メートルにもなり家族単位で生活している。そして侵入者が来ると甲高い鳴き声で仲間に警告する。極めつけは〝万歳コール〟で、後ろ足で立ち上がり両手をそろえて「キャン！」と吠える愛嬌のあるポーズは笑いを誘う。

　6月は草原が青く光り輝く季節だ。そして誕生の季節でもある。生まれたばかりのバイソンやプロングホーンの赤ん坊がよちよちと母親について歩いていた。プレイリードッグの母親は子供たちを巣穴に集めてまるで授業中のクラスの先生みたいに何かを教えている。しかしわんぱく坊主たちはどこの世界でも同じこと、授業などそっちのけで走り回っているのである。

16

ビンス・シューティー野生動物保護区（オー、ミネソタ州）

Vince Shute Wildlife Sanctuary in Orr, Minnesota

ミネソタのクマ小父さん

まだ明け切らない早い夏の朝、鬱蒼と茂った森の中からクマたちがのそりのそりと起き出して、いつもの原っぱに集まってきた。大きなクマに、小さなクマ、母子グマに、年寄りグマ。その数なんと70頭あまりが、原っぱの隅に建っている小さな小屋から人々が起き出すのを待っている。やがて6時、ボランティアの人たちが餌をバケツに入れて、起きてくるとクマたちは一斉に立ち上がり近寄っていく。まるで腹を空かせた家畜たちが飼い主にすり寄っていくようなそんな人間社会のありふれた景色を見るようだが、しかし彼らはあくまで野生のクマたちだ。

ここはミネソタ州北部の山の中。ミネアポリスから車で5時間半、ボイジャー国立公園まで約

30分のオー（Orr）にあるビンス・シューティー野生動物保護区だ。人間社会においてクマは凶暴で、何かと問題を起こす厄介ものの代名詞の1つだが、しかしこれほど愛されるキャラクターもいない。野生のクマを見てみたい？　しかしどこに行けば見られるのだろうか？　ビンス・シューティー野生動物保護区にはこんなクマ好きの人たちの希望を叶えさせる人間と野生のクマとの友情の世界があった。

ミネソタの〝クマ小父さん〟ことビンス・シューティーのことを聞いたのは数年前だったが、しかしようやくその地に行けることになったときには、彼は他界した後だった。ビンス・シューティーはこの森の中に1人で住み、ここに生息する80頭あまりのクマたちに餌付けして、現在の野生動物保護区の基を作り上げた人物だ。ビンスはオーの隣村グリーニーで生まれ育った生涯木こりの男だった。森の中しか知らない彼は１９４１年に現在の土地に小さな小屋を建てて1人で移り住んだ。しかしそこはブラックベアーのテリトリーでもあった。小さな小屋はクマたちにたびたび壊された。ビンスはそれに銃で応戦した。ビンスも初めはクマを怖がる普通の人間だったのだ。しかしあるときふと気付いた。「クマは決して意地悪な動物ではない。ただ腹が減っているだけなのだ」。そして小屋の外に食べ物を置くとクマたちは以後悪さをしなくなった。ビンスはクマたちのために毎日食料の調達を始めた。そしてビンスとクマたちの友情関係が芽生えていったのである。

あるとき、銃で撃たれて大怪我をしたクマが迷い込んできた。ビンスはこのクマに毎日チキンヌードルスープとアスピリンを与えて介護した。やがて命をとり止めたクマはブラウニーと名付けられ、ビンスの一番の親友となった。ビンスが昼寝をするときはこのブラウニーがいつも腕まくらをしたという。以来ビンスは〝クマ小父さん〟として町の人気者になり、評判を聞いたクマ好きの人たちが集まるようになった。しかし木こりで鍛えた頑強なビンスだったが寄る年波には逆らえなくなっていた。80歳を過ぎた頃からビンスの悩みは自分のことよりクマたちに対して深刻になっていった。

「もし自分が死んでこのクマたちに餌をやる人間がいなくなったら、彼らは民家の近くにさまよい出てトラブルを起こすようになるだろう」。これ

を知った動物カメラマンのビル・リーと妻のクレアーが中心になってビンスのクマを救う運動を起こした。そして１９９４年、非営利団体のアメリカン・ベアー・アソシエーション（The American Bear Association）が誕生したのである。

その年の冬倒れたビンスはオーにある介護施設に入院したが、彼の意志を受け継いだアメリカン・ベアー・アソシエーションは、ビンスの土地を野生動物保護区にし、ボランティアを募ってクマたちの餌付けを継続して行っていった。ボランティアの輪は大きく膨らみ若い動物学者の卵たちも夏休みを利用してインターンとして働くようになった。そしてクマ見学に訪れる人たちも増大していった。その安全対策に見学用のプラットホームを作ったり、クマを本当の意味で理解するための運動を広めていった。クマたちはあくまで野生の生き物で人間との交流には一線を引かねばならない。エプロン姿で朝早くから、日が沈むまで休みなく働くクレアーは、「やることが多すぎてとても人手が足りないのです。ここの人気が出てくるのはいいことですけれど、１日５００名の見学者が来ると、パーキングやその他の対応に時間をとられてしまう。ここの運営は全てが寄付で賄われている。もっと多くのクマ好きの人たちにボランティアに参加してほしい」と呼び掛ける。「しかしクマたちの幸せそうな姿を見ていると、こんな疲れも一気に吹き飛んでしまう」とすぐに笑い返した。

ビンス・シューティーは昨年の7月4日、独立記念日に86歳で静かに息を引き取った。その日ビンスの古い小屋の周りには、森中のクマたちが集まってきたという。きっとクマたちには、ビンスの死がわかったのだろう。そして火葬にされたビンスの灰は、彼が一番愛した森の中に撒かれた。夏の終わりの遅い午後、何も知らない今年生まれた小熊たちが母親のそばで遊んでいた。体の一番大きいバートと呼ばれるオスグマは、もうすぐ来る冬眠に備え、食べるだけ食べて、膨らんだお腹が地面に着きそうになっている。賑わったクマたちの季節はもうすぐ、秋風とともに終わりを迎える。

17 アイル・ロイヤル国立公園

Isle Royale National Park, Michigan

（ミシガン州）

自然の宝石箱

国立公園を旅しながらいろんな動物たちに出会ったが、中でも初めて見たイエローストーンの野生のオオカミは今でも強烈に思い出されてくる。人に媚びない毅然とした態度、射すくめるようなクールな瞳。ミネソタ州からミシガン州とカナダまで広がるスペリオル湖の北の端、アイル・ロイヤル国立公園にはそんな野生のオオカミが棲んでいるという。

この話を聞いてから、この島がボクの心の中でだんだん大きく膨らんできた。そして彼らに会いたくて、はるばる遠くの島まで旅することになってしまった。

４００あまりの島々が点在するスペリオル湖、その中でも一番大きな島がアイル・ロイヤル国立公園だ。湖の北西部に位置する全長45マイルの細長い島で、距離的にはミネソタ州に近いが、地理上ではミシガン州になる。

島に渡るには、ミシガン州北部のコッパー・ハーバーか、ホートン、あるいはミネソタ州のグランド・ポーテージからボートで行くしかない。どちらの港から行くにしても、最寄りの飛行場から3時間はドライブしなければならない。

しかし美しい自然と野生のオオカミに遭遇できるかも知れないという思いは、そんな距離感をなくさせた。

島にはロックハーバーにロッジが1軒あるが、オオカミに会えるチャンスは、そんな人の気配のするところではまず生まれない。ボクは初めからキャンプをするつもりで、観光客が途切れる9月の末に島に渡った。木々が黄色く色付く秋晴れの日、ミネソタ州、グランド・ポーテージから出るボートはその回が今年最後の運航だった。ボクの大きなバックパックをボートに引き上げながら、ウエノナ号のキャプテンがジョークでウインクした。

「帰る日を間違えるなよ。その日を逃すと来年まで島にいなくちゃならないからね」

3時間の船旅から島の西側、ワシントン・ハーバーに着くとパークレンジャーが迎えに来ていた。島に上陸したらここのビジターセンターで滞在許可証をもらい、簡単な規則の説明を受けなければならない。

他の国立公園と違っている点は、飲み水は必ず2分以上沸騰させることくらいで、野生動物に対する注意はどこも同じだ。キャンプ場は島全体で36カ所もあるが、トイレの設備が整っているのはビジターセンターに近いところだけ。ここにはほとんど手付かずの自然があった。

レンジャーの勧めで船着き場から約10マイル（約16キロ）離れたフェルドマン・レークにキャンプすることにした。この若いレンジャーはこの島に起任してから2年が経つが、まだ実際にオオカミを見たことがないという。そして「彼らは夏の間は森の奥に引っ込んで、観光客が遭遇するチャンスはまずないだろう」と、初めから気分が暗くなるような引導を渡された。そもそも、この島にオオカミたちが渡ってきたのは1940年代後半。大寒波で凍り付いた湖を歩いて渡ってきたらしい。

その前、１９００年代初めにムースが泳いで島に渡り、豊富な食物と天敵のいない土地で大繁殖した。オオカミはそれを追いかけてきたのである。島にはある時期銅を採る人たちが住んだが、そのブームが去ると無人の美しい自然が残された。

ムースは一時期2千頭にまで増えたが、山火事や大寒波で増減を繰り返し、現在は千頭あまりが確認されている。オオカミの数は一番多い年で50頭、平均して25頭前後がこれまた増減を繰り返しながら生息しているという。

１９９６年には大寒波で多くのムースが死んだが、反対にオオカミたちはその肉を食べて生き延びることができた。これまでオオカミとムースの間では自然界の掟に従い、秩序ある良好な関係（数）が保たれてきたが、しかし最近の研究者のレポートではその秩序が乱れてきたという。

これは人間が入り込むことで起きる自然破壊に他ならない。

フェルドマン・レークまでのトレイルは、藪や森の中に続く道だった。至るところにムースやキツネの糞が落ちていて、しかも藪の中から突然顔を見せては驚かせた。野いちごの赤い実に口の渇きを癒し、一歩森に入ると、いろんな種類のキノコが群生し、森の精の小人たちが歌でも歌いながら現れるのではないかと思われるほど、不思議な気分にさせられた。島全体が美しい自然の宝石箱だった。

湖の端にテントを張ると、誰にも邪魔されない自分だけの世界が始まる。水を汲んで沸かし、いつもと同じように陽の高いうちに夕食の準備に取り掛かる。持ってきた米を炊いて最初の仕事は完了だ。

あとは寝転んで動物たちが出てくるのを待つばかりだ。この島で安心なのはクマがいないことだった。それに食べ物を盗むラクーン（アライグマ）の姿もない。その代わりキタキツネが1匹やって来て、すぐに友達になった。

彼らは人間に虐められたことがないらしく、手の届きそうな近くまでやって来て愛嬌を振りまいた。夜になると降るような星空になった。星の明かりだけで湖が遠くまで光って見える。

ザブーンザブーンとムースが水コケを食べるために立てる水音を聞くうちに、ボクはいつしか寝袋の中で夢の中にいた。明け方、オオカミの遠吠えを聞いたような気がした。しかし3日間待ったが、彼らはやはり現れなかった。

ボクはそれでもなぜか幸せだった。それは彼らと同じ土の上に寝て、同じ風の音を聞いたからかもしれない。つかの間の穏やかな秋の日はすぐに木枯らしに変わり、島は深い雪に覆われる。

18 ヴァージン諸島国立公園 （ヴァージン諸島）

Virgin Islands National Park, US Virgin Islands

ケチケチ旅行はサバイバルゲーム

今回の旅はケチケチ旅行で行こうと決めたのが、そもそもの間違いだった。ヴァージン諸島の表玄関、セント・トーマス島まではデルタ航空のマイレージの無料チケットを使い、キャンプでホテル代を節約、食事は自分で料理する……。ガイドブックには世界の5本の指に入るという美しい白砂の海岸線の写真が載っていた。

「こんなところでキャンプしたらどんなに楽しいだろう！」

行く前から期待に胸をはずませたのだったが、その夢の島、ヴァージン諸島でのキャンプはそんなに甘くはなかった。蚊の襲撃。

「こんなはずじゃなかった！」という後悔は、すでに遅かった。真っ白い砂浜に打ち寄せる波、風はそよそよと頬をなで、ハンモックに揺られながら午後のまどろみ……。思い描いていたイメージがことごとく壊れたのは、セント・ジョン島、シナモンベイのキャンプ地に着いてからだった。

　もちろん、シナモンベイは写真で見たとおりの真っ白い砂浜が続く美しい海岸だったが、来た時期が悪かった。島の夏は雨期で、毎日が雨だった。キャンプ場は低い木が厚く生えそろった。藪の中にあったのだが、この木がとにかくクセモノだった。灌木が壁となり、中は昼でも薄暗く、海からの風が遮られて届かないのだ。とにかくキャンプ地にテントを張ったが、藪の中はすごい湿度で、全身から汗が噴き出してきた。そして、その汗が乾かない。夜になったらどうなるのだろうと恐れたが、案の定、夕方になると招かれざる

客の訪問が始まった。蚊である。汗でぬれた裸の体に「待ってました」とばかりに蚊の大群がまとわり付いたのだった。不甲斐ない自分。

アメリカ領ヴァージン諸島は、主都シャーロット・アマリーのあるセント・トーマス、セント・クロイ、セント・ジョンの3島を中心に、50あまりの小さな無人島からなっている。１４９３年にコロンブスが2回目の航海で発見してから、デンマークなどによる植民地時代を経て、１９１７年、第一次世界大戦中にアメリカがデンマークから２５００万ドルで買い取った。パナマ運河からのドイツ軍の侵攻を阻止するためだった。古くからの貿易港で現在、政治・経済の中心地セント・トーマスには豪華なクルーズ船が寄港し、シャーロット・アマリーのダウンタウンの免税店は世界中の買い物客でいつもごった返している。

3島の中で一番小さいのがセント・ジョンだ。人口5千人ほどのこの島には、美しい自然以外は何もない。

１７００年代から、デンマークは奴隷を連れてきてサトウキビのプランテーションを始めたが、その朽ちかけたアナバーグ製糖所の跡が今は観光地として丘の上に残っている。セント・ジョンが他と違っているのは、島全体の3分の2が国立公園で、海の中までが海底公園に指定されていることだ。白砂糖みたいなさらさらとした砂浜と同じく、海中は色とりどりの熱帯魚と美しい珊瑚礁の楽園だった。

さて、夜になると、何百、何千というツリーフロッグ（蛙）の合唱が木々の中から始まった。海からの風は夕風とともにぴたりと止んで、しかも夕方のスコールでテントの中以外はどこもびしょびしょだ。ボクはありったけの蚊取り線香に火をつけてその中心部に座り、蚊の襲撃に備えた。まるでどこかの修行僧がお香を焚いて、その中で瞑想でもしているような風情だ。ランタンの灯りは虫たちの標的になるので、高い木の枝に吊り下げてテントから離した。ホテル代をケチったおかげで、とんでもない代償を払わされることになろうとは。それにしても、イージーな文明生活に慣れ切った自分の不甲斐なさを思い知らされた。ほとんど眠れなかった第1夜は、今度は鳥たちのさえずりで朝を迎えた。灌木のトンネルを抜けると、すぐに白い砂浜に出る。やっと沸かしたコーヒーを手に誰もいない朝の砂浜を歩くと、ようやく心が落ち着いた。

最後の晩餐

セント・ジョンにはダイビング・ショップが2カ所ある。クルーズベイの発着場のすぐ近くにある「Low Key Watersports」では、毎朝7時半から2時間のツアーがあり、飛び込みでも参加できる。さすが、海中国立公園に指定されているだけあり、海は美しかった。昼間は海に潜り、夜はまた蚊の襲撃に悩まされるそんな4日をなんとか過ごした。最後の夜は、ビーチの流木を集めて火を焚き、早めの夕食の準備に取り掛かった。最後の夜に食べようと大切にしまっておいた肉を自家製のかまどであぶり、島のラム酒をチビチビと……。

すぐに心地よさが体中を走り抜け、肉が焼ける前にいい気分になってしまい、岩からマングースが覗いていることに気がつかなかった。ふと目を離した瞬間、皿の上の焼きたてのステーキは、このすばしっこい小僧にかっさらわれてしまった。初めから終わりまでついてなかったこの旅。それでも、最後の夕食を奪われた自分の間抜けさを呪う前に、なんだか愉快になった。このマングースは、「スキあれば」と、岩陰からずーっとこの肉を狙っていたのだ。これこそ本当の〝サバイバルゲーム〟。

暗くなると、また蛙の大合唱が始まった。打ち寄せる波の音がその合唱を盛り上げる。4泊のテント生活を終えて、シャーロット・アマリーのホテルにチェックインするや、取るものも取らず熱いシャワーを貪るように浴びた。体中が虫に刺されて無残な姿になっていたが、心の中はなぜか満足感でいっぱいだった。雨が降るのも、蚊や虫がいるのも自然の姿。文明のありがたさに慣れ切ってしまい、それに対応できないヤワな自分を発見した、ちょっぴりほろ苦いケチケチ旅行だった。

19 チャネル諸島国立公園
Channel Islands National Park, California
（カリフォルニア州）

島のキャンプは王様気分

チャネル・アイランドは、ロスアンジェルスとサンフランシスコ間のサンタバーバラ沖に浮かぶ、大小5つの島（Anacapa, Santa Cruz, Santa Rosa, San Miguel, and Santa Barbara）からなる国立公園だ。ここには灯台とそれを管理するレンジャーが住んでいるだけで、他には宿泊施設も水も食料もない離れ島だ。島に滞在するにはキャンプするしかないが、ベンチュラ（Ventura）とサンタバーバラからボートが毎日出ているので日帰りで気軽に行くこともできる。しかし、島のよさを満喫するにはやはりキャンプが一番だ。出かける前のウキウキした気分は子供が遠足に出かけるときのようでいくつになっても楽しい。そしてキャンプでの一番の楽しみはやはり食事だ。ロスアンジェルスのダウンタウンで日本食をたっぷり買い込んでバックパックははち切れんばかりに膨らんだ。

4つの島にはそれぞれボートの発着場とキャンプ場があるが、本土から一番近いアナケーパアイランドがここでは最もポピュラーだ。ベンチュラからはアイランドパッカーズ、サンタバーバラからはトラス・アクアチクスのボートが毎日出港していて、島までは14マイル、所要時間は約1時間半だ。この辺の海は冷たい潮流が流れ、気温が上がる春先は毎日濃い霧に覆われる。

そんなミルク色の霧の海をボートは縫うように進む。船に揺られながら気持ちよくうたた寝を楽しんでいると、他の船客がざわめき出した。何十頭ものイルカの群れがボートに並行して泳いでいるのだ。群れはボートの下をかいくぐり、大きくジャンプし、はしゃぎ回っている。すると今度は近くで、大きな鯨のブローイング（潮吹き）が始まった。2頭のグレイ鯨がゆっくりと水面に浮上してきた。真っ黒い潜水艦みたいな胴体からプシューッと潮を吹き、尾ヒレが反転して今度は水中に没していく。ここは彼らの往復1万2千マイルに及ぶ移動のルートになっており、思いもかけぬ鯨とイルカの歓迎を受けながら、ボートはアナケーパアイランドのシンボル、アーチロックに到着した。

船着き場から切り立った崖の階段を上るのがここでの初仕事だ。階段は154段。カメラ機材と大きなキャンプ用具を2キロ離れたキャンプ地まで運ぶと、日頃の運動不足がたたってくたくたになった。島はちょうど海鳥たちの産卵の時期に当たっていて、卵を抱いた海鳥が足の踏み場もないくらいあちこちを占拠している。彼らは異常を知ると、けたたましい鳴き声で、仲間同士で連絡し合い、侵入者のボクを威嚇した。特にヒナが孵った親鳥は始末が悪い。一羽が騒ぎ出すとその辺り中が大騒ぎとなり、上空から鋭いクチバシで攻撃してくる。どうにかこうにか鳥たちの攻撃を避けテントを張ると、やっと一息つくことができた。

島は春の花の盛りで、アイスプラントという真っ赤な花が絨毯を敷き詰めたようにびっしり島中を覆い、その花畑の中に首だけ出したウエスタンガル（カモメ）が卵を温めている。ブラウンペリカンは編隊を組み、音もなく頭上を通り過ぎていく。島には自分の他に人影はなかった。この小さな島がまるで自分のものになったみたいに思えてきて、急に元気が出てきた。大声を出しても、変な格好で飛び跳ねても、ただ鳥たちが見ているだけだ。ボクはキャンプ地の周りを歩いて、新しく地名を命名しなおした。1人、この島の王様になった気分になった。

夕食の時間。水を節約しながら食事の準備に取りかかる。1日で一番楽しい時間だ。ふっくらと美味しい御飯が炊き上がった。おかずはインスタントのカレーとタクアンだけだが、それでも美味しかった。ここでは時間はたっぷりとある。食事の後ボクは自分の領土？を散歩することにした。キャンプ地から東側のトレイルは花畑の密集地で、すぐに「美しヶ原」と命名しようと思ったが、しかし「戦場ヶ原」に変更した。なぜならこの辺には鳥たちの巣が一番多く、ここを通ろうとすると、まるでヒッチコックの映画みたいに何百羽が群れをなして襲ってくるからだ。ボクは頭上で棒切れを振り回しながら鳥たちを撃退したが、しかし魚臭い糞の爆撃には閉口した。「戦場ヶ原」をうまく抜けると、切り立った断崖になり、岩場にはカリフォルニアライオン（アシカ）が重なって昼寝をしていた。

　灯台の裏手の急斜面にはペリカンたちの集合地があった。ここから風に乗り離陸し、そしてまた着陸して羽を休めていた。島の西の端は「インスピレーションポイント」と呼ばれる一番眺めのよい高台だが、ボクはすぐに「安らぎの丘」と命名した。ここからは夕日が隣の島を赤く染めて沈んでいくのが見えた。そして遠く鯨が潮を吹いていた。心休まる風景だった。夕日が沈むとまた霧になった。テントに潜り込むと、星

の代わりにサンタバーバラの町の灯りが優しく瞬いていた。潮騒を聞きながら静かで贅沢なときがゆっくりと過ぎていった。

20

エバーグレーズ国立公園
Everglades National Park, Florida
（フロリダ州）

ヤシの木陰でキャンプ

マイアミの北西部、メキシコ湾と接するエバーグレーズ国立公園はその大部分を湿地帯が占める、アメリカでも特異な国立公園だ。オキチョビ湖を水源に、３００種を超える鳥、動物類、７００種にも及ぶ植物類が生息するという。その中には絶滅種に指定されている、フロリダパンサー、マナティ、それにミドリウミガメなども含まれている。

エバーグレーズほど水の影響を多く受ける公園もない。ハリケーンの影響やその年の降雨量によって公園の様子はガラッと変わってくる。水不足で干涸びていた池も、その年によって雨が多く満々と水をたたえると、それまで見られなかった鳥や動物たちが帰ってきたりする。

しかし人口46万人の都市マイアミと接し、近郊都市も含めると冬場は観光客で５００万人に膨れ上がるフロリダ州最大の都市に、オキチョビ湖からの水はエバーグレーズに到着する前に枝分かれし、人間たちの生活のために吸い取られてしまうのが現状である。国立公園の入り口まで広がる農地と年々大きく広がる住宅群。自然を保護するか、人間の生活を優先するか、エバーグレーズの存亡に警鐘を鳴らす人たちは数多い。

ボクがこの南フロリダに住みはじめて10年あまりが過ぎた。そしてここにあるエバーグレーズ国立公園は気が向いたときにいつでも行ける、まるで裏庭みたいな公園になった。ところが、「いつでも行ける！」という言葉には問題があった。

ここの季節は冬場の乾期と夏の雨期の2シーズンしかなくて、夏場は雨と蚊の大襲撃でほとんど訪れる人はいないのである。

公園の奥、フラミンゴキャンプ場には以前モーテルがあったが、２００５年に襲ったハリケーン「カトリーナ」に壊され以後宿泊施設はなくなったが、最近簡単なベッド付きの小屋、エコーテント（Echo Tent）がオープンして、テントでなくても泊まれるようになった。ここはオートキャンプとウォークインキャンプに分かれていて、気候のいい冬場はヤシの木の下はテントでいっぱいになる。

陽が落ちると海風がヤシの葉をさやさやと揺すり、満天の星がすぐ手の届きそうな近さに迫ってくる。そんな静かな夜、短波放送のスイッチを入れると運よく日本語の放送が聞こえてきたりする。あるとき日本のラジオ『ＮＨＫのど自慢』が聞こえてきたことがあった。ヤシの木の下で聞く電波が悪くてかすれがすれに聞こえる故郷ののど自慢には甚く感激したものである。

　ここのキャンプ場の主はラクーンだ。彼らは昼間はどこかで寝ていて夜になると活動を始める。毎晩鼻をクンクン鳴らしながら、頭をかじられるのではないかと思われるくらい、餌を探してテントの近くを徘徊する。そしてさわさわと草を踏み締める無気味な足音に目を覚ますと、今度は3メートルもあるワニがテントのそばを横切って海の中に消えていったりする。ワニの目は闇夜ではサーチライトみたいに光り、その不気味さに身が凍えそうになったりする。

　テントで寝るキャンプにはいつもハプニングが起き

て、モーテルの乾いたベッドでは味わえない自然との触れ合いがある。

このラクーンたちが餌を諦めてキャンプ地を離れると、もうエバーグレーズに早い朝がやってくる。キャンプ場から歩いて行けるエコーポンドは鳥たちの宝庫で、陽が昇らないうちからバードウオッチャーたちが双眼鏡片手に歩き回っている。鳥たちの中で一番の早起きは、クーツ（オオバン）の仲間だ。鋭い鳴き声で辺りの静寂を破ると、池の真ん中に生えるマングローブの木に鈴なりになって寝ていたホワイトアイビスが群れをなして飛び立ち始める。そしてヘロンに、ペリカン、ウッドストーク、スプーンビルと、餌を求めて公園中の鳥たちの1日が始まるのである。

池の端の一番高い松の枝には毎年鷹が巣を作る。今年も2匹が仲よく寄り添っていた。彼らの狩猟地はこのフラミンゴの周りで、油断した小さな鳥に素早く舞い降りて鋭いツメを立てる。

その朝クローズアップで狙っていた鷹の姿が一瞬ファインダーから消えると、水辺で激しい泣き声が起こった。早起きのクーツががっちりと鷹のツメに押さえられてもがいていた。しかしざわめきはほんの一瞬だけで、エコーポンドはすぐにまたいつもの静けさをとり戻した。こんな平和そうな池にも、野性の弱肉強食の掟があった。

21 クリスタル・リバー野生動物保護地区（フロリダ州）

Crystal River National Wildlife Refuge, Florida

海の象、マナティ

ボクは島で生まれ育ったので、小さい頃から水泳や素潜りは得意だった。だからカメラマンになってから水中写真に興味を持ったのは自然な流れだったと思う。スキューバダイビングを始めたのはまだ東京にいる頃でダイブショップで講習を受けてから、伊豆諸島や小笠原の父島、そしてフィリピンのセブ島などにも行った。しかしアメリカに来てから時間と金銭的理由からしばらく遠ざかっていたが、フロリダに引っ越してからまた海からの誘惑に抗しきれなくなっていた。そんなボクをまたダイビングに駆り立てたのはマナティとの出会いだった。

あるとき、いつも行きつけのエバーグレーズ国立公園で水の中から顔を出した奇妙な生き物を見たのが始まりだった。そこら辺にウヨウヨいるワニと違い、なんとも人懐こい顔をしていた。「マナティ」だと近くの人が教えてくれた。

これと酷似したジュゴンが沖縄にいるが、厳密にはフロリダのマナティとは顔の形や尾ビレの形などが違っているらしい。ボクの〝写真馬鹿〟熱がまた起き始めた。長年机の中にしまっていた水中カメラのニコノスを引っ張り出してマナティの撮影に挑戦することにした。今では写真はデジタル時代になりGoProという小さくて高性能の水中カメラがあるが、フィルム仕様のニコノスはこの頃までは多くのプロが愛用するベストの水中カメラだったのだ。

そしてフロリダでこのマナティがうじゃうじゃいる場所を突き止めた。マナティたちは暑い夏は行動範囲が広くフロリダの各地の海岸で見られるが、冬になり海の水温が下がると暖かい場所へ集まってくる。その一番の人気スポット、クリスタル・リバーがフロリダ西海岸のタンパの近くにあった。

クリスタル・リバーの川底からは暖かい温泉が湧き上がる一角があり、海水が冷たくなる冬場はマナティたちの溜まり場になるのである。ここはマナティの保護地区になっておりアメリカに生息するマナティの25％が棲みついているといわれ、11月から3月の冬場はカヤックやシュノーケルでのマナティ見学に人々が集まってくる。この保護地区のもう1つの特徴はマナティに近づき一緒に泳ぐことが法的に認められているアメリカで唯一の場所であることで、これがこの場所を一気に有名にしたのであった。

　ボクはしばらく南のエバーグレーズ国立公園行きを取り止めてこのクリスタル・リバーに方向転換した。いつも川の近くのホテルに泊まり、ダイブショップでウエットスーツをレンタルして同じダイブショップが運行するボートで現場に向かう。川の両岸にはマングローブの枝が垂れ下がり北国では寒波で震えているというのに、ここは天国だった。

　マナティは海の象と呼ばれているほど動きが鈍く近寄ると愛くるしい瞳に可愛い顔をしている。何度も通ううちにマナティたちが広い川から暖かい温泉が湧き出てくる小さな池に通じる狭い通路を見つけた。そこで待ち構えていると多くのマナティたちが挨拶？しな

がら通り過ぎていく。そして人に慣れた中にはダイバーに苔の付いた体中を掻いてもらい満足の表情を浮かべるものもいる。それを見るのはカメラマンにとっても至極のときだった。

22

ハワイ火山国立公園

Hawaii Volcanoes National Park, Hawaii

（ハワイ州）

ネネの歓迎

ハワイ火山国立公園のあるハワイ島（ビッグアイランド）は、名前が示すとおり島の大きさもさることながら、自然が見せるスケールの大きさにも驚かされる。年中温暖な晴天が続く西側は色とりどりの花が咲き乱れ、東側は雨が多く緑豊かな熱帯雨林や渓谷が連なっている。そしてカルデラの中には雨が一滴も降らない砂漠まである。極め付けは今なお活発に溶岩を流し続ける、キラウエア火山の熱い地熱の上に立ったときだ。果てしなく深く大きな地球の息吹きを体感できたとき、身も心も一段と大きくなったような気分にさせられるのである。

キラウエア火山（標高１２４３メートル）は世界でも唯一、車で近くまで乗り付けることができる活火山だ。この火山の特徴は、爆発的な噴火はないものの溶岩の流れが刻々と変化を続けていることで、数カ月ぶりに訪れてみると以前あった道路はすっかり黒い溶岩の塊になっていたりする。

ボクは2年間で通算3回この火山を訪れたが、最初のとき、海まで通じていたチェーンオブクレーターロードは、1年後の2回目のときは溶岩に塞がれて途中で寸断されていた。そして海に流れ込んだ溶岩の熱い塊が作る水蒸気は3回目のときはすっかり消えて、溶岩は遠く山の彼方に見えるだけになっていた。

最初の2回は時間がなくて溶岩の近くまで歩くことができなかったので、3回目の訪問では時間に余裕を持って乗り込んだのだったが、自然はいつも気紛れだ。期待していた活発な溶岩の活動は弱まり、ボクの気分は落ち込んだ。しかしパークレンジャーは、「マウナウルから出ている片道約7マイル（11・2キロ）のナパウトレイルの先にあるナパウクレーターまで歩けば、もう少し活発な溶岩が見えるだろう」と慰めてくれた。ボクは気を取り直し、真っ黒い溶岩の中のトレイルを歩くことにした。

カメラと水でずっしり重くなったバックパックを背に、足場の悪いトレイルを歩くのは体力をことのほか消耗する。目印はトレイルに沿って積み重ねられた小石の塔だけで、これを見失うととんでもない方へ迷い込んでしまう。少し歩いただけで寝不足の体に汗が吹き出てくる。

そしてすっかり汗を出し切ると体は少し軽くなったが、歩いても歩いても真っ黒な色のない不思議な世界に、どこか違う惑星にいるような錯覚にさせられた。

しかしよく見ると、こんな黒い世界にも溶岩の裂け目から植物がしっかり根を生やし花を咲かせている。ようやくマカオプヒのクレーターまで辿り着くと、今度は景観は一変して熱帯雨林になった。5、6メートルもある背丈のシダが生い茂り、その隙間から露に濡れた可憐なランが心を潤してくれた。最後のシダの林を抜けると切り立った崖からナパウクレーターが姿を現した。

そしてその先には長く低く、煙をたなびかせたパウオーの山が望まれた。この火山には古くから女神ペレが住んでいると言い伝えられてきた。地球の底から湧き上がる自然のエネルギーを見ていると、ボクは不思議と疲れも忘れ、女神のふところに抱かれたような優しい気持ちにさせられるのだった。

翌日、痛い足を引きずりながらビジターセンターに近いキラウエアのカルデラを歩いていると、溶岩の隙間から2羽のヒナを連れたネネ親子が現れた。ネネはカナダ雁の一種で、ハワイだけにしか生息していないためにハワイの州鳥に指定されている。

しかし人間の乱獲や天敵マングースのために、18世紀末には2万5千羽もいたネネは１９５０年代には30羽までに激減し、ユネスコの絶滅危惧種に指定された。現在は手厚い保護で４００羽まで増えたといわれるが、それでも野生の姿を見られるのはとてもラッキーだ。ネネの両親は生まれたばかりのヒナを間に挟み、この干涸びた溶岩の中にわずかに生える草を求めて歩き回っていた。

この過酷な自然の中でこの2羽のヒナは無事に生き延びることができるのだろうか？　ボクはネネの親子に熱い声援を送った。

23

ハレアカラ国立公園

Haleakala National Park, Hawaii

（ハワイ州）

＊＊＊

世界中が今自然の猛威に襲われている。台風7号の暴風雨がやっと日本を通過。しかしハワイ、マウイ島が山火事による大被害に見舞われ破壊された写真を見るたびに心が痛む。マウイ島にはハレアカラ国立公園があり、ずーっと以前にマウイ島を訪れたとき、その近くの街ハナで日系3世の方たちと知り合い心温まるもてなしを受けたことがあった。ハナは島の東側に位置し幸い今回被害は少なかったみたいだが、西側に位置する他の街は見るに堪えない廃墟となってしまった。あのときの旅でボクを優しく迎えてくれた日系人の皆さん、ご無事をお祈りします。

（2023年8月16日）

＊＊＊

孤高の植物、銀剣草

ハワイを代表するイメージは、ワイキキの浜辺とフラダンス。少年の頃のボクにとって、ハワイは芸能人が結婚式を挙げる金持ちの別天地で、ゆめゆめ自分が行けるとは想像もつかなかった。そんなハワイに行ったのは、成人して渡米後、ゴルフトーナメントの取材でホノルルを訪れたとき。写真で見ていたワイキキの海岸は確かに美しく魅力的だったが、それ以上の感動はなかった。

日本と同じような店を渡り歩く日本人観光客たち。「何か違うな?」と、違和感を感じたのが初めてのハワイだった。それから何年か後、今度は国立公園の写真を撮る目的で、自分のハワイを探すために再度訪れた。そして2度目のハワイは、忘れられない優しい思い出をボクに作ってくれた。

ガイドブックでハワイの民宿を探していたときのこと。マウイ島のハナにある「アロハコテージ」に電話をかけると、優しい声の女性が出た。ボクはとっさに日本人だと思い日本語で話すと、相手はあまりうまくはない日本語で答えてくれた。電話の向こうの声はナカムラ・フサエさんという人だった。

さっそく宿泊を予約して少し世間話をした。日系3世の彼女はハナで生まれ、同じく日系3

世の御主人ゼンゾーさんと民宿を営んでいるとのことだった。マウイにはキヘイとかハイク、それにハナといった日本語に似た地名があり、日本人のボクにはなんとなく郷愁を感じさせるものがある。ハナはマウイ島の東側、ハレアカラ火山の溶岩が海に向かって流れたそのすそ野にある。

カフルイ空港から東へ53マイルほどだが、道は海岸線の崖を切り開いた曲がり道で、溶岩の上を走るために56カ所あるという小さな橋は車1台通るのがやっとだ。誰が数えたか６１７カ所の曲がり角は、便利な都会のハイウェイから、昔から変わらないこの小さな村へ入るための関所みたいに思われた。車を飛ばすことを諦めた途端、美しい滝や熱帯雨林の植物が心を和ませてくれた。

カフルイのスーパーマーケットで買った煎餅を土産に、フサエさんに会うと、ゼンゾーさんまで出てきて大喜びで迎えてくれた。袋の表に印刷された「しお味」と「しょうゆ味」の平仮名だけが彼女の読める日本語だったが、ボクはこの年老いた夫婦に会って故郷の家に帰ったような気分になった。

夫婦には40歳になるキースという腕利きの漁師の息子がいる。キースは地元の中国系ハワイアンと結婚し、３人の子供たちの父親だ。子供たちは祖父母の影響かみんな礼儀正しく素朴で、抱き締めたいほど可愛らしかった。ハナには昔砂糖工場があり、大勢の日本人が移住してきたが、工場が閉鎖された１９００年代初め以降、その多くがハナを去り、現在は6家族が残っているだけだった。当時の日本村の面影を残す村の中心部に、映画館を改装したハセガワゼネラルストアー（長谷川雑貨店）があった。

この店は１９１０年、長谷川ショーイチ、サブローの兄弟が始めたもので、彼らは砂糖工場での労働契約が終わると、貯めた金を元手にこの雑貨商を始めたという。現在は4代目のニールが店を切り盛りしていた。

ニールの父親はハワイの女性と結婚し、ニールはフィリピンの女性と結婚して長男ブランドンが生まれた。ここではさまざまなルーツを持った人々が、互いに支え合い、家族を作り、そして逞しく生き続けている。

ハナの町は、手前のハナ湾を包み込むように段々畑状になっている。連なる丘では牛が草を食み、オンドリの泣き声で夜が明ける。子供たちは素足で飛び回っていた。ほとんどのハワイの村が開発されて高級リゾート地に変わっていく中で、ハナは現代的な喧騒を拒み続け、ハレアカラ火山に抱かれ、人と自然が美しく調和しながら生き続けている。

ハレアカラ火山は１７９０年の噴火を最後に、現在は休火山となっている。ビジターセンターは2カ所あり、山に登るハレアカラ・ハイウェイからクレーターロードにかけての8合目と、ハナから16キロ西に行ったキパフル（Kipahulu）にある。ハレアカラとは「太陽の家」

を意味し、朝太陽がカルデラ（火山活動でできた大きな凹地）を照らし出す日の出と、夕日が雲海に沈んでいくひとときは、神々しいまでの美しさで、誰もが荘厳な気分にさせられる。山頂までのドライブは快適だ。わずか65キロ、海抜0メートルから3千メートルまでの道を2時間足らずで駆け上がることができる。そして山頂から見る荒涼たるクレーターの雄大さに誰もが圧倒される。

　ボクはこの山頂に自生する非常に珍しい高山植物、銀剣草（Silver Sword）の写真を撮るためにクレーターを歩いて山頂まで登った。高山のために一歩登るごとに心臓がフル回転で空気を送り込み、激しく息をしなければならない。

　ここでは急ぎは禁物だ。やがて日が暮れようというとき、頂上に雄々しく立ちそびえる1本

の銀剣草を見つけた。剣のように鋭い銀の葉の根元から2メートルあまりの茎が伸び、小さなヒマワリみたいな紫色の花をいっぱい咲かせていた。なぜこんなところに？　その姿は夕日に染まりますます神秘的であった。20年に1度しか花を付けないといわれる銀剣草は、ヒマラヤとこのハレアカラ山だけに自生し、芽が出てから成長するまで4〜5年もかかり、そして花が咲き終わると枯れてしまうという。自分が生きられる短いときを誇示するかのごとく、見事な花を咲かせるその姿に心を打たれた。孤高の銀剣草の哀れさと強さがわかるような気がした。

24 アメリカン・サモア国立公園（アメリカ領サモア）

American Samoa National Park, American Samoa

南太平洋のパラダイス

アメリカ領サモア島パゴパゴの空港に降り立つと、篠突く雨の出迎えにあった。狭いターミナルは人で溢れ返り、ホノルルから来る週2回の定期便の乗客をその何倍もの人が迎えに来ていた。人波をかき分けてやっとの思いでタクシーを捕まえ、予約していたモーテルの名前を告げると運転手はバックミラーをちらりと一瞥しただけで、無言で走り出した。

ボクは途端に不安になった。初めての土地で、人相のよくない大男の運転手に真っ暗な雨の夜。運転手の沈黙は、ますます不安を募らせる。何か共通の話題はないかと頭を巡らせた。

「サモア」＝「大男」＝「相撲取り」。曙や小錦、さらに知っている限りのサモア出身のプロレスラーの名前を列挙すると、運転手は初めて笑顔で応えてきた。その笑顔のなんと人なつっこいことか。いらぬ不安は一掃された。

さてモーテルに着いたものの、今度は受付が無人だった。運転手も手伝ってくれて辺りを捜すが相変わらず人の気配はない。途方に暮れているとカウンター裏側のコンクリートの土間で、人のうめき声のようなものが聞こえてきた。覗いてみると大きな体の女が寝転がっていた。さては物盗り？　体が緊張で強ばった。しかし、うめき声と勘違いしたのは単なるいびきだった。彼女は飛行機を降りた予約客が到着するまでのひととき、仮眠するつもりだったのが、うっかり寝込んでしまったようだ。女は頭をぼりぼり掻きながら大きく伸びをすると、これまたこぼれるような笑顔でボクを迎えてくれた。ここの人たちは、なんと開けっぴろげで大らかなことか。初めてのサモアは、飾らない裸

の姿でボクを迎えてくれた。

戦争の残骸に痛む心

５つの火山島と２つの珊瑚島からなるアメリカ領サモアは、フィジーやトンガ、タヒチ島などとともに南太平洋の島の１つ。ハワイから２６００マイル南西に位置し、飛行機で５時間半かかる。季節は10月~５月の蒸し暑い雨季と６月~９月の少し涼しい乾季の２つしかない。人口は一番大きな島ツツイラに約６万人近くが集中しており、高温多湿の自然に育まれ人も植物もすくすくと大きく育つ。サモア系の相撲取りやレスラーが強いとよくいわれるのは、生まれつきの素質に恵まれたからに違いない。ここでは男も女もびっくりするほど健康的？で大きかった。

アメリカ領サモア（東サモア）は、50年にわたるアメリカ海軍の統治後、１９５１年にアメリカ領となり、住民の間では今やサモア語よりも英語の方が共通語となりつつある。島のあちこちには、第二次世界大戦での日本軍の攻撃に備えて作られた砲台の残骸が、今でも波打ち際に多く残っていた。同胞の日本人兵士がすぐそこまで攻めてきたのだと思うと、戦後の平和な時代に生まれたボクの心に痛みが走った。

サモアの５島のうち、ツツイラとオフ、タウの３島の美しい海岸線や熱帯雨林、それに珊瑚礁の海岸がアメリカの国立公園に制定されたのは、1993年と比較的最近のことだ。しかし、この3島には9つの村がありそれぞれに人が住んでいて、アメリカ国立公園局はこれらの村から50年契約で土地を借りるという、他に例のない形で国立公園を制定した。

人間にとって大切なものとは？

パゴパゴのダウンタウンを抜けてアウアと呼ばれる村から山道を登ると、突き当たりがバチアの村だった。この村は全体が国立公園の中に位置しており、そのはずれにはトネさん一家が長年住んでいる。家の真ん前には国立公園の看板が立てられたが、彼らにとってはあまり意味がないように見えた。訪れる観光客は滅多にいないようで、奥さんのスルさんは5人の子供の世話をしながらヤシの幹に洗濯物を干していた。

サモアの人口は過去20年間で倍増しているらしく、この村も子沢山で、嬌声を上げて子供たちが裸足で走り回っていた。トネさんの家は屋根と床だけで壁はなかった。家の中が丸見えで部屋の真ん中にはカラーテレビが置いてあった。

家の前庭を抜けると深く樹木が茂った熱帯雨林の小道が続き、それを抜けると山が直接海に落ち込んだ切り立った断崖となった。南太平洋の荒波が岩肌を削り取り白い水しぶきをあげている。ボクは夕日の写真を撮りたくて、滞在した1週間、毎日ここに通ったが、10月のサモアは雨ばかりで太陽は雲の中から姿を出さなかった。写真をあきらめてバチアの村で住民たちが遊んでいる様子を眺めた。夕方になると、大人も子供もそんなに広くない広場に集まりバレーボールが始まった。無邪気に遊ぶ彼らを見ていたら人間にとって何が大切なのか考えさせられた。バチアの人たちには近代社会の物質的な豊かさはないが、心の豊かさがあるように思えた。

船乗りがサモアに住み着く理由

サモアでの最終日を迎え、つかの間の晴れ間を縫って小型機でオフ島へ飛んだ。雲の隙間から国立公園になっている白い砂浜が見えた。この島はサモアで最も美しい珊瑚礁のビーチだといわれている。オフ島は、５島の１つオロセガ島と橋で結ばれ、３００人あまりが住んでいるのみ。ツツイラのような喧騒はなく、まさに南太平洋のパラダイスだった。

ビーチを歩いていると若い漁師と出会った。彼は17歳ながら子供2人の父親だった。彼が叔母さんが経営しているという民宿に案内してくれた。宿の前は珊瑚のビーチで、男は得意だという投げ網で魚を捕ってみせた。捕れた魚は色鮮やかなトロピカルフィッシュばかりだったが、すぐに叔母さんが地元風味に料理してくれ、ボクたちは舌鼓を打った。昔から多くの船乗りがサモアの女たちの情にほだされ、住み着いたという。ボクにはその気持ちがわかったような気がした。

25

コスタリカの国立公園

軍隊を放棄、自然を残した国

ボクにとって「コスタリカ」は、名前だけは知っていても、それ以外はあいまいなイメージしか沸かない国だった。カメラマン仲間からコスタリカの自然の魅力を聞かされて、「いつかは行ってみよう」と思いながらも、なかなか計画できなかったのにはそんなことも原因している。そんなボクにある日本のテレビ局から「コスタリカのエコツーリズムを取材しないか」というお誘いがあった。「渡りに船」と思い、1週間の旅に出た。

中米コスタリカは、地理的には南米と北米大陸を結ぶ細長い連結部の中央に位置し、南をパナマ、北をニカラグアと接している。

北部をカリブ海に、南側は北太平洋に挟まれ、今でも煙を上げる活火山の下には温泉が湧き、熱帯雨林、乾燥林、また世界的にも珍しい雲霧林と、その独特な地形はまた他にない特異な自然を作り出している。

アメリカからは数都市から首都サンホセへの直行便が出ており、マイアミの近くに住むボクの場合、アメリカン航空の直行便でたったの約3時間。料金もアメリカの国内線と変わらないくらいで、思ったよりもかなり近い国だった。

南北アメリカ大陸の交差点であるコスタリカは、九州と四国を合わせたくらいの小さな国土に約４００万人が住んでいる。現在、国土の25％が自然保護区に指定されており、地球の総面積の０・０３％に過ぎない小さな国土には、地球上の動植物種の約５％が生息しているといわれている。

コスタリカが自然保護に取り組み始めたのは30年近くも前といわれ、環境に配慮しながらその土地の自然や文化に触れ合うエコツーリズムを発祥させ、現在、エコツーリズム先進国としての地位を確立している。

なぜ、コスタリカは世界に先駆けて環境問題に取り組んだのか？　ボクがコスタリカの人たちと直に接して感じたのは、争いごとを好まない、おっとりとした性格の人たちが多いということだ。

これは、この国が第二次世界大戦後（１９４８年）に軍隊を放棄し、それ以来中立国であり続けていることにも関係しているのではないだろうか。周辺国が内戦やクーデターで立ち後れているのに比べ、軍隊を放棄したコスタリカは軍事費を教育や福祉に回すことで、現在の安定した経済を築き上げたといわれる。

　かつてのコスタリカの主な産業は、コーヒーやバナナの輸出、そして畜産業などで、半世紀ほど前には豊かな森林が伐採されて牧場に姿を変えていた。しかし、１９６０年代初頭から畜産業の不況を経験し、人々は自国にとって何が一番大切かを知ることとなった。前にもあげたが、煙を上げる活火山の他に、世界的にも珍しい、霧に覆われた熱帯雲霧林や、乾燥林、湿潤林といった全く異なる生態系を持ち、カリブ海と太平洋に挟まれた美しい海岸線にはウミガメの産卵地や、珍しい海洋生物が見られることで有名なスポットもある。こうした特異な自然環境に注目したのは自然科学者だった。

　彼らはこの国にとって森林の保護がいかに大切かを大統領に進言、以後コスタリカ政府は牧場を買い上げ、国立公園や自然保護区が次々に誕生し、緑が蘇ったのである。そして、エコツーリズムを代表とする観光業がこの国の主産業に成長した。

火山のマグマが噴き出す——リンコン・デ・ラ・ビエハ国立公園
Rincón de la Vieja National Park

コスタリカでは、国内24カ所の国立公園のうち、3カ所がこれまでに世界遺産に制定されている。その中の1つ、西部の太平洋岸に位置するグアナカステ保全地区は、一度開拓され牧場となった後、国がその土地を買い上げ再生林として蘇らせた非常に珍しい国立公園だ(1999年に世界自然遺産に指定)。

ボクが参加したエコツアーは、このグアナカステ地区の北に位置するリンコン・デ・ラ・ビエハ国立公園からスタート。運よくマスターガイドのパコと日本人ガイドの高橋藍子さんが主催するツアーに参加できた。

ガイド歴15年のパコは、フロリダの大学で英語と鳥類学を学んだ後、コスタリカに戻りガイドになったという。かたや、日本人の父親とコスタリカ人の母親を持つ藍子さんは、コスタリカにある日本人学校で日本語を学んだといい、完璧な日本語の読み書きができる美しい女性だ。パコに比べてガイド歴は短いものの、日本人の心を持った美しい女性の案内にツアーの楽しさは倍増した。長い間外国で暮らし、しばらくぶりで日本に帰ると、若者たちが日本人のよき心を失っているのに失望した経験が何度もあるが、ボクはこのコスタリカで生まれ育った藍子さんに古きよき日本人の心を感じた。

すでに他界した彼女の父親は、26年前に日本から南米への移民を運ぶ最後の船に乗り1カ月もかけて1人でコスタリカにやって来た冒険旅行のパイオニア。そんな父親の血を引く彼女は、最初大学で畜産を勉強したものの、動物を生産物として扱うことに抵抗を覚え、アルバイトで始めたガイドの仕事がそのまま本職となったという。「この小さな国を客観的でなく、私の国として紹介できることに誇りを感じるのです」。日本人の父親とコスタリカ人の母親、そして自分が生まれた国を目を輝かせながら誇りを持って紹介する彼女に、さわやかさを感じた。

エコツアーの先進国だけあってコスタリカには優秀なガイドがたくさんいるらしいが、パコや藍子さんの動植物を見つける驚異的な感覚には驚かされた。それは「動物的な感覚」という表現がまさにぴったり。森の中の生き物を見つけるとすかさず数秒で望遠鏡をセットしてボクたちツアー客にサービスする。それに鳥類から植物まで、生物の知識の深さに驚かされた。アメリカの国立公園でもエコツアーのプログラムを取り入れているところもあり、レンジャー（森林警備隊員）がツアー客を先導する姿をよく見かけるが、コスタリカではレンジャーの数よりプロのガイドの方が多いくらいだった。

リンコン・デ・ラ・ビエハ国立公園の地下では火山のマグマが活動していて、森の中のトレイルを抜けると硫黄のにおいが鼻をくすぐり、日本の温泉を思い出して心地よかった。さらに奥に進むと、マグマの熱でグツグツと沸騰している泥の池が現れた。ここの泥には美容効果があるらしく、危険を冒してまで顔のパック用の泥を盗みにくる人がいるらしい。美しくなるためには、死をも恐れない？　女性は強し！ということか⁉

吠えザル、クモ猿との出会い――グアナカステ国立公園
Guanacaste National Park

２日間、リンコン・デ・ラ・ビエハ国立公園を歩き回った後、グアナカステ国立公園へと移動した。グアナカステ国立公園はリンコン・デ・ラ・ビエハ国立公園から車でほんの数時間北西に上がっただけなのに、周りの様相はがらりと変わってアフリカのサバンナに似た乾燥林になった。湿潤林だったリンコン・デ・ラ・ビエハ国立公園では、木々が鬱蒼と茂っていたのに比べ、ここでは日の光をサンサンと浴びて水分が少ないせいか木々は低く育っていた。

１６５９メートルのココア火山は常に頂上に煙をたなびかせ、西側の海岸線はサンタロサ国立公園となっており、この辺り一帯が保護地区に指定されている。木々の隙間から差し込む太陽の光が、この乾燥林では気持ちよく感じられた。ボクたち一行は、珍しい植物があると立ち止まってはガイドの説明を聞きながら進んでいった。美しい蝶の羽ばたきや軍隊アリの長い行進を目にすると、子供のときに見た懐かしい光景が蘇り、なんだか心が癒されていくようだっ

た。そのとき、これまで鳴き声だけで姿を見せなかった吠えザル（マント吠えザル）がついに姿を現した。ボクたちが一番興奮した瞬間だった。幸運なことに吠えザルに続き、今度は手足の長いクモ猿（スパイダーモンキー）まで出てきた。

　サルたちに一喜一憂しながら森の中を進むと、先生を囲んだ青空教室の小学生たちに出会った。夢は公園のレンジャーかガイドになることだという子供たちは、植物の標本を作り、生きている森から直に自然の成り立ちを学んでいた。その澄んだ子供たちの瞳を見ていて、ふと暗く悲しい出来事が脳裏を横切った。この国の輝かしい自然保護の陰の姿ともいえる、見逃すことができない光景を目撃した。それは、一部の反対派による森への放火だ。全く信じられないことだが、国立公園に反対する人もここには多くいるという事実を知った。

　もし、生まれたときから住んでいる土地が国立公園になって、立ち退かねばならなくなった

ら？　もし、何年も昔から狩りをしていた土地が国立公園になって、猟ができなくなったら？無知と貧しさは、ときに取り返しのつかない罪を犯す。森に火を点け、パークレンジャーがその消火に手間取っているうちに、生活の足しにするために密猟するのだという。犠牲になるのは、バク、ペッカリー、アグーチや鹿といった森の住民たちだ。美しい森の緑が途中で途切れて平原になっているのを、ツアー中、何カ所も見て、心が痛んだ。この無知からくる蛮行を止められるのはこの子供たちではなかろうか。子供たちは実際に生きている森を観察し、自分たちの国にとって何が大切かを学んでいる。彼らが大きくなったら自然を守る大切さを少数の無知な大人たちにわからせることができるだろう。

パコが語った言葉が大きく心の中に残った。「コスタリカは石油も鉱山もない貧しい国だけど、ボクらにはこの緑があるんだ。お金では買えない素晴らしい自然をずっと次の世代まで残していきたい。

火の鳥ケツアールにフラれた――モンテベルデ自然保護区
Monteverde Cloud Forest Reserve

湿潤林から乾燥林、そしてこの旅の終わりは熱帯雲霧林で有名なモンテベルデ保護区だ。首都サンホセから車で約4、5時間。モンテベルデに近づくにつれ高度が上がり、遥か彼方に太平洋が現れた。公園のゲートシティ、サンタ・エリーナの狭いダウンタウンにはホテルやレストランがひしめき、世界中からの観光客で溢れていた。なんと日本レストランまであるではないか。

　モンテベルデ保護区は、国立公園には指定されていないものの、自然保護のために厳しい規制が課せられていた。この公園の特徴、熱帯雲霧林と呼ばれる森はどんな森なのか？　太平洋に近いモンテベルデの森には、湿気をたっぷり含んだ空気が海から吹き込んでくる。そしてこの空気は山腹にぶつかり冷やされて、霧となり雲となり森を覆うのである。年中霧に覆われた森は独特の生態系を作り、珍しい動植物の宝庫になっている。そして国はこの生態系を守るために公園を訪れる観光客に厳しい規制を作った。

　例えば、公園には一度に２００名までの入場者しか入れない。しかも滞在時間も制限され、動物を驚かせることのないようカメラのフラッシュも禁止されていた。これは薄暗い森の中で速い動きの鳥や動物を撮影するカメラマンにとってはハンディになるが動物たちの保護のためには仕方がない。

　１年中霧に覆われている熱帯雲霧林では、陽の当たる高い木の枝には他の植物が寄生し、珍しい植生という植物たちの助け合いがこの森を生き長らえさせていた。大きな木は小さな植物（ランなど）に宿を貸す代わりにその寄生した植物から水分や養分をもらっているのだという。

この森で一番のスターはケツアールという鳥だ。この鳥はメキシコからパナマにかけての山岳地帯にのみ生息するカラフルな鳥で、手塚治虫の『火の鳥』（1954〜1988年、全11巻、講談社他）のモデルになったことで日本では有名である。しかし、数が少ないためいつでも見られるというわけでもないらしく、特にボクたちが滞在した2日間は低気圧の影響で暴風雨だったため、鳥たちは残らずどこかに避難したらしく姿を見せることはなかった。この鳥を撮るために、わざわざ500ミリの超望遠レンズを持ってきたのだったが！　自然はときに意地悪だ。ケツアールに振られてボクはハミングバード（ハチ鳥）に狙いを変えた。

　ワオー！と歓声が出る。こんなに多くのハチ鳥の姿を見たことがない。公園の外にあるハミングバードセンターには、甘い蜜の容器がところ狭しとぶら

下げられ、それを目当てにハチ鳥たちが集まっているのだ。

　ブンブンと飛び回る愛くるしい鳥たちに、世界中からこの国に集まってくるバードウォッチャーたちの気持ちがわかった。夕方になり嵐が去った。雲の切れ目から太平洋が姿を見せ真っ赤な夕日が沈んでいく。短かい滞在だったがコスタリカはカメラマンのボクにまた課題を残した。〝ケツアールを写真に撮る！〟。日系ガイドの藍子さんが笑いながら言った。「コスタリカの海にはカメもいっぱい来るんですよ。いっそのことこちらに移住されたらどうですか？」ここのガイドはカメラマンの心情を一番よく知っているのである。

26
ガラパゴス諸島
Galapagos Islands, Ecuador
（エクアドル）

人生で一度は行きたい島々

数年前、ボクは一度ガラパゴス諸島への旅行を計画したことがあった。しかし経費の関係で計画は頓挫した。7泊8日の日程で5千ドルの経費はボクには高すぎた。そして日本で買ってきたガラパゴス諸島の旅行案内書も本棚の奥に埋もれてしまっていた。そんなとき友人を介して東京に住む矢田さんという方からメールが届いた。「私は子供の頃からガラパゴス諸島に憧れて一度は行ってみたいと思っていました。貴方が旅行を計画していることを知人から伺い一緒に連れていっていただけないかお願いしているところです」。

ボクは初め乗り気がしなかった。カメラマンと一緒の旅行は写真を撮らない人にとっては退屈で、喧嘩になることさえある。だからボクのこれまでのアメリカ国立公園の旅はほとんど１人旅だった。それに彼の74歳という年齢から（ボクももう70近い初期老人の部に入るが？）ハードな行程についていけるか心配だった。しかしメールでのやり取りの後、実際スカイプで話してみて心配は杞憂に終わった。アメリカ人と結婚した娘さんが新婚旅行でガラパゴス諸島に行き、その話を聞くうちに自分の最後の挑戦にしたいと思うようになった。

とても気さくで子供みたいな夢を持ち続けている方だとわかった。そしてジムに通い体力の維持にも努めているという。

ボクは安心して旅の計画を始めた。以前コンタクトした旅行代理店のインターネットにアクセスしてまず安いクルーズ探しから始めたが、３年前からして料金はさらに値上がりしていた。７泊８日のクルーズで、安くて４千ドル、アッパーデッキのファーストクラスは５千ドル以上が相場だった。日本の代理店が取り扱っているクルーズも調べたがもっと割高だった。ボクたちは部屋は狭くて窮屈でも最小限７泊８日の日程の旅を探した。経費を安くしようと思えば４泊５日や、１つの島に留まってそこから日毎のクルーズで島巡りをする旅などがあるが、この旅は一生に一度の旅になるだろう。できるだけ長く滞在して島々を回りたかった。

そして乗客30人の中型船で１人３３００ドルの「コーラル１」が見つかった。ボクは矢田さんの了承をもらうとすぐに予約した。後でわかったことだったが乗客20人の中型船を選んだのは本当にラッキーだった。ゴムボートでの乗り降りや食事など大型船に比べ、とてもスムーズに行われたからだ。

矢田さんと落ち合いボクたちはマイアミ空港からエクアドルの首都キトへ、ここで1泊して翌日クルーズ船に乗り込むためにバルトラ島へと向かった。そして飛行機の着陸30分前にキャビンアテンダントたちが頭上の荷物棚を開けてスプレーで消毒を始めた。それはガラパゴス諸島に危険な生き物が入り込まないための最初の防御策だった。

時が止まった島々

〝太古の時代より時が止まった島々〟と呼ばれるくらい孤立した環境で独自の進化を遂げてきたガラパゴスの島々は、アメリカの国立公園を一通り訪れた自分にとってこの地球上で最後に行ってみたい場所だった。写真で見るそこに棲む生き物たちを自分の目で確かめ自分の写真に残したかった。

ところで人々はどうしてそんなにガラパゴス諸島に行きたがるのだろうか？

ガラパゴス諸島はエクアドルの1州で陸地から1千キロ離れたところにある海底火山の噴火により誕生した火山島である。19の主島と１２７の岩礁で構成されている。人が住んでいるのはそのうち4島で、バルトラ島とサン・クリストバル島に飛行場があって本土のキトとグアヤキルを結んでいる。陸の97％をガラパゴス国立公園が占めており、周辺40海里がガラパゴス海洋保護区に指定されている。

ホットスポットと呼ばれる西方の諸島では現在でも絶えず火山活動が続いていて古い島と火山活動が続く島々では地形も、そこに棲む生物たちにも違いが見られる。この島の気候は2～5月の乾季と6～11月の雨季で、雨季といってもそんなにたいした雨は降らず雨季には鳥たちの求愛行動なども見られるため1年を通して人気がある。

ガラパゴス上空は強い貿易風が大陸から太平洋に向かって吹いており、また気候に最も大きな影響を及ぼしているのが南極から流れくるペルー海流（フンボルト海流）で、この寒流のおかげで赤道直下にもかかわらず涼しく雨の少ない気候となっている。そして強い海流は大陸からガラパゴスに向かって流れているため、一度諸島に辿り着いた生物は元に戻れない「隔離」された状態になりその厳しい条件下で生き延びた生物たちだけがその環境に適応しながら子孫を残し、ガラパゴス諸島にしかいない生物分布を作り出した。１９７８年にユネスコ世界自然遺産の第1号として世界12カ所中の1つとして登録されたのだったが、２００７年には危機遺産リストに入るという結果に陥ってしまった。それは１９９０年代以降の急速な観光地化と人口増加に伴う環境汚染、外来種の侵入などでゾウガメなどの絶滅が危惧される動物が増えたためで、これを憂いたエクアドル政府は観光客に厳しいルールを設け、動物たちの保護に力を尽くし、２０１０年には危機遺産リストから除外された。

今では人間と動物たちが共存する世界でも稀なる平和な島々となっている。

ダーウィンが来た！

クルーズ船にはガイドが1人乗り込んでおり、毎日乗客の世話と案内をする。

7泊8日の島巡りに出発する前の晩は乗客乗員が甲板に集まり、ウエルカムドリンクが振舞われた。約20名の乗客は我々と同じく年配者が多く世界中から集まっていた。人生最後の旅になるかもしれない、このガラパゴスの島巡りにみんなの顔が上気していた。我々の船室は狭いがそこにはベッドが2台とシャワーとトイレ付きのバスルームと、3食付き。清潔で居心地は満点だった。これまで1人ぼっちでキャンプなどして経費を節約したアメリカ国立公園の旅ではできなかった最上級の旅になりそうだった。

島巡りの第1日目はサンタ・クルス（Santa Cruz）島に向かう。島に着くとゴムボートに乗り換え砂浜でくつろぐ人、シュノーケリングをする人と様々だ。ボクは矢田さんとシュノーケリングで軽くひと泳ぎ。色とりどりの魚に混じってアシカがすぐ目の前を横切る。岩の上の1羽のガラパゴス・ペンギンが「ヨウコソ、ガラパゴスへ」と迎えてくれた。

クルーズ船は我々が眠っている夜中も航行を続け、朝目が覚めるともう次の島に到着している。2日目はイサベラ島と午後からはイサベラ島の向かいに位置するフェルナンディナ島に行く。ここでもシュノーケリングで海に飛び込んだ。海上の鳥の群れが騒がしいので何事かと思って海の中を見るとなんと小魚を追いかけてカツオが群れをなして泳いでいるところだった。カツオの群れは近づいたり遠ざかったり、海上から差し込む陽の光で美しく輝いていた。ボクは若いときはスキューバダイビングで水中写真も撮っていたので何度かカツオの群れにも遭遇したが、こんな浅いところでこんなに美しいカツオの群れは初体験だった。そしてカツオたちが去ると今度はウミガメに遭遇した。ウミガメはボクが全力で近づくのを嘲笑うように大きく口を開け「バイバイ！」と海中深く消えていった。

サウス・プラザ（South Plaza）島では、大きなウチワサボテンの木があり、その下でリク・イグアナが

10数匹群がっている。その木の上には1匹のイグアナが登っているが、下で群がるリク・イグアナとはちょっと姿が違っていた。彼はこの島で生まれた新種のハイブリッドイグアナだとガイドが説明してくれた。つい最近１９８０年代にエルニーニョ現象で海藻が死滅し、それを餌とするウミ・イグアナが陸に上がり、リク・イグアナと交配してこの新種のハイブリッドイグアナが誕生したという。このハイブリッドは両方の特徴を持ち、しかもリク・イグアナにはない強い爪でサボテンの木に登れるために生活能力の上では優れているが、繁殖力がないためにほとんどが一代で終わるのだという。なんと可哀想な運命だろうか。

日を重ねるたびに島巡りの感激は増幅していった。ノース・セイモア（North Seymour）島は小さな島でそこは大半が軍艦鳥の営巣地になっていた。喉ボトケが赤いオスはメスを誘惑するために、その喉を精一杯

膨らませて羽をばたつかせながら奇妙な声を上げ誘惑する。メスはすぐには反応しないで1週間くらい様子を見てから気に入ったらオスの求愛を受け入れるのだという。なんともはや——隣の巣の中には生まれたばかりの真っ白な綿毛のような体をした赤ちゃんの軍艦鳥もいた。そしてこの島で一番笑ったショーは青足カツオドリの求愛ダンスだった。両足と顔が青いこのカツオドリはとても微笑ましいユニークな姿をしているが、その求愛ダンスには誰もが大笑いしてしまう。オスが青い足を交互に上げて、しっぽを立ててダンスを始める。メスは初め素知らぬ顔をしているが、少しすると気に入ったのか、やおらオスに同調させて青い足を同じリズムで動かす。そして互いにクチバシを絡ませ甲高い声で鳴く。これでカップルが成立だ。

　サンタ・クルス島には1835年にこの島を訪れ、のちに「進化論」を発表したチャールズ・ダーウィン

の名を冠した「チャールズ・ダーウィン研究所」があり、ここでは主にガラパゴス・ゾウガメを卵から孵化させ育て自然に帰す仕事をしている。研究所内のゾウガメ牧場には数頭がいつも放し飼いにされているために誰もが近付いて一緒に写真を撮ることができる。かつてゾウガメは体が大きく長時間餌なしでも生きられるため船乗りたちの食糧として重宝され、乱獲され、何種類かのガラパゴス・ゾウガメはすでに絶滅してしまったが、ここではそんな人間たちの愚かな行為を2度と起こさないための努力が日夜行われていた。

【ガラパゴス国立公園の観光のルール】

・訪問は16人以下のグループで、ナチュラリスト・ガイドが付かなくてはならない
・訪問はビジターサイトに限定され、トレイル（歩行用の道）を出てはならない
・動物の2メートル以内に近付いてはならない
・動物に餌を与えてはならない
・動植物や岩石を傷付けてはならない
・島にゴミや動植物など異物を持ち込んではならない
・島から動植物やその一部（珊瑚や牙・貝殻等）・石などを持ち出してはならない

自分で撮ったこのガラパゴスで出会った動物たちの写真を見ながら、旅が終わってもうひと月以上が経とうとしているのに、思い出は一向に色褪せない。友人にガラパゴスのことを話すたびに羨ましがられる。旅から旅の人生を送ってきた自分の中でも、この旅だけは特別なものとなった。人生で一度は行ってみたいところ、その夢の島ガラパゴス諸島がついに自分のものとなったのだった。

そして一緒に訪れた矢田さんからも感謝のメールをいただいた。

初めは74歳の私にとっては体力的にクルーズのアクティビティについていけるか心配したが、それも杞憂。ほとんどすべてに参加できたばかりでなく、大いに楽しむことができた。今までこれほど興奮、感動した旅は初めてだ。飛行機がサン・クリストバ

ル島の空港を飛び立ち、今回のガラパゴス諸島の旅が無事終了。これもこの旅にそなえた日頃の体力作りのお陰であろう。まだまだ気は若い。次回はどんな旅が待っているか。それにそなえて日々の鍛錬をしておこうと思う。

（矢田侑三）

27

チリカワ国定公園（アリゾナ州）

Chiricahua National Monument, Arizona

アパッチの呪いハート・オブ・ロックスからの脱出

春、ソノラン砂漠に南風が吹くと砂漠の植物たちが一斉に花を咲かせる。4、5月は砂漠が一番美しく活気に満ち溢れる季節だ。サボテンの花には蜜を吸う鳥たちが群れ集い、不毛の土地もこのときとばかりにまばゆいばかりの赤や黄色の花で埋め尽くされる。そして春はバードウォッチャーたちにとって一番楽しい季節でもある。その中でも人気を独り占めするのは、ハミングバード（ハチ鳥）だ。

小さくて華麗な容姿から「空飛ぶ宝石」とも呼ばれている。春から夏にかけてアメリカの西南部ではハチみたいに羽を震わせ空中でホバリングして花の蜜を吸う可愛い姿はよく見かけられるが、それでもこの時期、ハミングバードたちは寒い冬をメキシコで過ごし、この砂漠地帯に帰ってくる。花から花へブンブンと小気味よい音を立て飛び回る鳥たちの数と種類は他の比ではない。彼らはここで花の蜜をいっぱい吸って子育てをし、秋にはまた暖かい南に旅立っていく。

そのハミングバードウォッチングで有名な場所が砂漠の中にあった。ツーソンから国道10号線を東へ3時間、ニューメキシコ州との州境にある小さな村ポータル（Portal）だ。南をメキシコ、東西をソノラン砂漠とチリカワ砂漠に挟まれ、北からはロッキー山脈の冷たい風が吹き込む特異な地形、甘い砂漠の花畑と乾いた温暖な気候はハミングバードが羽を休め、巣作りするオアシスになっていた。村の家々では軒下に砂糖水を入れたフィーダーを吊り下げて、この小さな妖精たちを歓迎する。数軒ある民宿はこの時期バードウォッチャーたちで膨れ上がるのである。

その砂漠の特異な地形にあるのが奇岩で有名なチリカワ国定公園（Chiricahua National Monument）だ。ここは他の国立公園と違い、訪れる観光客の数も少なく隠れた穴場的存在になっている。ビジターセンターから続くボニタキャニオン・ドライブ（Bonita Canyon Drive）から、すでに林立する奇岩を見ることができるが、不思議な奇岩群ハート・オブ・ロックス（Heart of Rocks＝岩の心臓）はチリカワ山のほぼ中央に位置し、険しい山道を登らない限り見ることができない。公園内には体力に合わせていくつもの登山道がある。最大の難関はハート・オブ・ロックスまでの往復７・１マイルのトレイルで、若いレンジャーは「片道2時間、往復4時間のハイキングだ」と簡単な散歩くらいに説明した。しかしこれを甘く見ると大きなつけが回ってくる。

　このトレイルは出発地点からすぐ下りになり、一度谷底へ下りてから反対側の峰を山頂へと登るのだが、早くもこの最初の急な下りで足首を痛める人が多い。滑りやすい砂利道を慎重に下り、谷底から今度は標高差1千フィートの登りになる。ここからこのトレイルの正念場が待っている。砂漠の太陽が首筋をじりじりと焼き付け、水を飲む回数が増えると出発前は十分だろうと思っていたボトルの水はあっという間に空になってしまう。

　4月の初め頃まではまだ雪解けの水がところどころに湧いていて補給できるが、5月に入ると土地は乾き切ってどこにも水はない。気の遠くなるような乾きを我慢して足を引きずりながら歩き始めて約3時間、今度は岩場を這い上り最後の難関Heart of Rocks Loopに辿り着いた。奇岩の林はすぐ目の前に迫り、初めて遭遇する不思議な奇岩の世界に、今度は疲れよりも身震いするほどの緊張感に包まれた。この奇岩群は２７００万年前、火山のマグマが噴出してできたもので、それから永い年月砂漠地帯特有の高低温と強風などに侵食され、こんな奇妙な形になったらしい。そして約４００年前にアパッチ族が移り住んできた。岩の上に1人立ち奇岩の群を改めて眺めると、心の中を覆っていた不思議な胸騒ぎはますます大きくなった。耳を澄ますと、林立する岩に当たってこだまする風の音が呪文のように聞こえてくるのだ。まるで岩の墓場だ。ここには今でもアパッチの精霊たちが住んでいるに違いない。辺りに人影はなかった。

もしこの墓場に1人迷い込んでしまったら、精霊たちの世界に引きずり込まれ、二度と現世に戻れないような、得体の知れない恐怖感に襲われた。日のあるうちにここを脱出しよう。ボクは手早く写真を撮ると踵を返し、今登ってきた登山道を引き返した。今度は急勾配の下りに膝が笑う。激しい疲れに太ももがけいれんして何度も休んだ。若いレンジャーの往復4時間の道のりは、ボクの足では6時間になり、しかし日没前にはなんとか長い苦しい〝奇岩〟ハート・オブ・ロックスからの脱出を終えた。

何とも不思議な岩たちの世界。世の中には科学では解明できない場所がいくつもあるが、ここもその1つかもしれない。あの風の泣き声を思い出すたびに背筋が寒くなり先住民の呪いの声が蘇る。神聖な精霊たちの安らぎをむやみに侵犯してはならないのだ。

28

ビッグベンド国立公園（テキサス州）

Big Bend National Park, Texas

リオ・グランデ川の露天風呂

エルパソから国道10号線を東へ、そして90号線に入ると道路と並行してユニオンパシフィック鉄道が走っている。果てしなく続く荒野を長い貨車を引いた貨物列車と走っていると、時間に追われて慌ただしく過ぎゆく現実をしばし忘れさせてくれる。列車は思い出したようにときたま汽笛を鳴らし、それは1人旅のボクに「人生は長い、ゆっくり行こうぜ」と語りかけているようだった。

アメリカで2番目に大きな州テキサス（1番はアラスカ）。その南端にあるビッグベンド国立公園は、広大で、そして遠い。一番近い空港エルパソからでも３２０マイル（５１２キロ）、サンアントニオからだと４００マイル（６４０キロ）、朝早く車で出発してもまる１日はかかる距離だ。

　この国立公園はメキシコと国境を接し、その境界線のチソス山脈をえぐるようにリオ・グランデ川が流れている。その東側、リオ・グランデ・ビレッジの遥か後方にはシエラ・デル・カルメンが高くそびえている。夕暮れどきになると、ビレッジの近くにキャンプする人たちはこぞって外に出てくる。夕陽に染まる山脈を見るためだ。まるで野外劇場に観客が集まってくるように、人々は陽が沈むのを黙って待っている。茶褐色の大地は時間とともに赤く染まりやがて最後の太陽に焼き尽くされて、闇に消えていく。

　このとうとうと流れるリオ・グランデ川の河原に露天風呂があった。その昔ここが国立公園になる前、マラリヤにかかったある金持ちが病気療養のためにここに小さな小屋を建て、湧き出る温泉をせき止めて露天

風呂を作った。ここはキャンプ場の近くに位置しているために今ではキャンパーたちにとっての最高の憩いの場になっている。

　昼過ぎから人々が三々五々集まり、小さなお風呂は満杯になる。ボクは混雑を避けて日が沈んでから風呂にやって来た。暗くになってから来たのはもう1つ理由がある。昼間入るには水着が必要で、うっかり忘れてしまったからだ。はるばるここまで来て風呂に入らずに帰ったら後で後悔する。

　人影が消えた露天風呂には闇がただよいここで1人裸になるには少し恐怖がよぎったが、疲れ切った体に温泉の湯の魅力の方が勝った。汚れた衣服を岩の上に脱ぎ、待ちこがれたお湯に入った。長い間の思い入れが叶い、途端に疲れが押し寄せてきた。今まさに自然と一体になれた喜びが押し寄せてきた。

リオ・グランデ川の水音が子守唄に変わり、いつの間にうとうととしてしまったのだろうか、目を上げると降るような星が満天に煌めいていた。そして暗闇に目を凝らすと向こう岸に、野生馬の一群が水を飲みに下りてきていた。ボクは彼らに気づかれないように、深々とまた湯の中に沈んだ。彼らを驚かしてこの心地よい静寂を破りたくなかった。

公園にはいくつものトレイルがあるが、ボクはチソス山の朝日を見るためにロストマイン・トレイルに登った。ここの山頂までは7325フィート（約2233メートル）、トレイルの始発点から片道2時間の道程だ。サウスリムに射す朝日に間に合うためには、もちろん真っ暗なうちに出発しなければならない。

いつものことながらペンライトの灯りを頼りに登る初めての山道では、ちょっとした風のざわめきにも恐怖心があおられる。途中まで来たとき1人で登ってきた若いレンジャーに追いつかれた。彼女も朝日を見るために早起きしたという。山頂に着くとうっすらとモヤに煙るサウスリムの稜線を朝日が照らしはじめた。休む間もなくカメラをセットし凍える指先を息で温めながらシャッターを押した。この一瞬のために長い時間をかけて登ってきたのだ。山に来て一番美しいひととき。ボクはこの幸せを独り占めした。

ビッグベンド国立公園の楽しみはなんといってもリオ・グランデ川に湧き出る温泉だった。温泉の近くにはオートキャンプ場があり、昼間は混雑するのでボクはいつも日が沈んで人がいなくなってから行った。すると野生馬が水飲みにきたりイノシシが出てきたり一人湯に浸かりながら大自然を満喫した。しかし苦い思い出もある。撮影も無事終えてビッグベンドを離れる日、欲張って夕日の撮影を終えて遅くなったが、とにかくドライブして隣町まで行ってどこか宿を探そうと走り出した。しかし公園を出てすぐに警察の車に後をつけられた。これではスピードを出すわけにもいかない。30分以上も後ろにくっついてきたが、ついにランプを点滅させて停止させられた。スピードも出していないのになんで?と不安になったが、警察はボクのことをメキシコからの密入国者と疑っていたのである。荷物を全て調べられパスポートを見せてようやく解放されたが、ここはメキシコとの国境。悪い人間もウヨウヨしているのだということを改めて知ったのである。とにかく遠くて大きなビッグベンド国立公園、あの日のことが今でも懐かしく蘇ってくる。

29 ヨセミテ国立公園

Yosemite National Park, California

（カリフォルニア州）

ヨセミテからのバレンタインデープレゼント

ボクにとってヨセミテは特別な場所である。それはアンセル・アダムスの写真に出会った場所だった。その頃白黒写真の時代に写真を始めたボクらの世代にとって、彼の名は雲の上の存在だったのだ。そのアンセル・アダムスのミュージアムがヨセミテ国立公園の中にあった（The Ansel Adams Gallery、現在も営業中）。

彼はヨセミテの写真を数多く撮っていたからボクは行くたびにいつも参考にした。でもいつも後悔させられた。

「どうして自分にはこの写真が撮れないんだ――」。そして気がついた。たまにやって来ていい写真なんか撮れるわけはない。そのとき思った。全米に58カ所ある国立公園（現在63カ所）を全部踏破してやろう。そうすれば見る目も変わってくるだろう。以来ボクは7年の歳月をかけてこの夢を実現した。そしてその結果は写真集の出版という形で報いられた。

この年になるともうバレンタインデーのチョコレートなど来ないから、チョコレートのプレゼントなんかもう〝よその世界の出来事〟みたいな気がしていたが、空港の売店で買い物したらおつりと一緒に可愛い売り子が「ハッピーバレンタインデー」と言ってチョコレートをくれた。「え、ボクに！」。こんなこともう随分と昔のことだったから、嬉しかった。

このバレンタインデー（2月14日）の週は、ヨセミテ国立公園で不思議な現象が見られる。ヨセミテ渓谷の北側にそそり立つ、花崗岩の一枚岩、エル・キャピタンの頂上から流れ落ちる雪解け水が、沈む夕日に照らされて真っ赤に燃え上がるのである。エル・キャピタンの高さは約９００メートル、流れ落ちる滝は細長くまるで馬のしっぽのように見える。細長い水滴が長い毛先のように見えるため「ホーステール・フォール（Horse Tail Fall）」とも呼ばれている。

日没前、最後の光がエル・キャピタン頂上付近を照射し始めると、それまでただの白い水しぶきだった滝はだんだんと赤く変化してくる。時々強風に吹かれた水滴はまるで火山の爆発みたいに赤い水滴をはじき飛ばす。

この自然の大スペクタクル・ショーを見ようと、夕方近くになると人々がエル・キャピタンの下の森の中に集まってくるが、自然はときには意地悪で毎日見られるというわけではない。雲が太陽を遮らない晴れた日が条件だ。もちろん雲1つなく赤くギラギラした太陽の光に照らされると、滝の水はそれだけ赤く燃え上がるが、この時期、冬のヨセミテではなかなか難しい。ボクは4年前に1度この現象を写真にすることができたが、機会があればぜひもう一度見たいと思っていた。そして今年の2月またチャンスがやって来た。別の仕事でサンフランシスコへ行く機会ができたのだ。

　サンフランシスコから冬のヨセミテ国立公園へは１２０号線からビッグ・オークフラット・ロードと１４０号線からエル・ポータルを抜ける西側入り口があるが、冬場は雪の影響で閉鎖されている。雪が少なく無難なのは１４０号線の道路だ。シエラ山脈の中にあるヨセミテではサンフランシスコは晴れていても雪になったりする。だから冬場はチェーンの携行が義務付けられているが、ＳＵＶ（スポーツユーティリティビークル）の4輪駆動はチェーンなしで走ることができる。バレンタインデーの日、サンフランシスコは春のぽかぽか陽気みたいに暖かかったが、天気予報はその日の夜から低気圧の接近を伝えていた。だから今日はどうしても夕日が沈む前までにヨセミテの谷に到着しなければならない。

　モデストを過ぎてマースドから１４０号線に入ると道路の両脇にある桃畑はピンクの桃の花が咲き始めていた。車をぶっ飛ばし昼過ぎにヨセミテに着いた。夏場は人の喧騒ではち切れそうなヨセミテの谷はこの時間帯静けさを取り戻し、ヨセミテ滝は半分が凍り付きながらも、相変わらず勇壮に水しぶきを上げながら落下していた。今回はそのヨセミテ滝が見えるロッジの一番安い部屋（120ドル）をラッキーなことに3泊確保することができた。

しばらくぶりの冬のヨセミテの山々に挨拶しながら谷のループ道を走り夕方になるのを待った。そしてまだ3時過ぎだというのにエル・キャピタンを見上げる森には多くの人たちが集まってきていた。ボクもまた心のソワソワを抑えきれずにすぐにその一員に加わった。今年は雪が少なく〝馬のしっぽの滝〟はこの前来たときより水の量が少なかったが、それでも風に吹かれて水しぶきが上がっている。ここにいるみんながいい夕焼けになるよう願っているのがわかった。そして大自然のドラマが始まった。しかしエル・キャピタンの上を横切る雲が多くて太陽が隠れて、期待したような〝マグマの赤い流出〟シーンみたいにはいかなかったが、それでも赤くなった〝馬のしっぽの滝〟が見られたのは満足だった。そしてエル・キャピタンは深い闇に包まれ、夜中過ぎから天気予報どおりに雪となった。

長旅で疲れているはずなのに頭が冴えてほとんど眠れない夜を過ごし、5時にはベッドを出て空を見た。真っ黒い空からは白い雪が舞い降り一面白い世界に変わっていた。夜が明ける前に前日決めた撮影スポットに出かけたが、雪は深く朝日が山肌を染める気配はなかった。それから3日間ヨセミテの谷は雪に埋もれた。ヨセミテがくれた素敵なバレンタイン・プレゼントだった。

　あちこち旅していると日本人に出会う機会も多い。最近は不景気のせいか以前ほど多くはなくなったが、日本人に出会うと話しかけていいのか、知らん振りした方がいいのか今でも迷ってしまう。今回はヨセミテで出会った日本人女子学生の話を少し。２月14日のバレンタインデーをはさんだ約１週間はヨセミテ国立公園にあるエル・キャピタンで不思議な光景が見られる。今回は２度目の挑戦で最初は４年前の２００７年２月だった。このときは雪がほとんどなくてヨセミテ滝までハイキングした。すると若い日本人の女性２人と出会った。

　２人はアメリカの大学に留学していたが、無事卒業して日本に帰る前にアメリカを見るために、経費を節約しながらいろいろ旅しているのだと言った。こんな若者にはものすごく親切にしたくなる。ちょうどその

日の夕方、エル・キャピタンのスペクタクルショーを撮影に行く予定だったので車のない２人もお誘いした。そして写真のような見事なショーに２人はとても感激して日本に帰ってから何度もメールと御礼の手紙をもらった。特に嬉しかったのは１人の女性は郷土の漁業組合に勤めることになって、自分たちが作った郷土の宣伝用のパンフレットを送ってくれたときだった。日本にもまだこんな大和撫子がいたことに驚くとともに嬉しかった。アメリカの大学に留学しても浮かれることなく郷土にしっかりと根を生やして生きる姿にボクはとても感激したのだった。

アマチュアカメラマン、ジョンの挑戦

ナショナルパークの写真を撮りはじめてからも、特にヨセミテには思い入れが強い。それは風景写真をやる者なら誰もが尊敬し、そして少しでも近づきたいと願ってやまない、あのアンセル・アダムス大先生がライフワークとして取り組んだフィールドだからだ。彼の白黒写真をどれだけ長いあいだ眺めてはため息をついたかわからない。そのヨセミテに、もう３回は足を運んだ。それも、どうしてか冬ばかりだ。

サンフランシスコからストックトンを抜けて１２０号線に入ると、一面サクランボの畑が続く。甘酸っぱい満開の林を抜けると、やがて道はなだらかな丘陵地帯に入り、そして雪の残る

ヨセミテへと続く。雪の状態ではタイヤにチェーンを巻かなければならないから少々厄介だ。そして、トンネルを抜けてまず飛び込んでくる風景が、左にエル・キャピタン、右にブライダルベイルの滝しぶき、そして中央にハーフドームを望むあの絶景だ。人々はまずここで車を停めて、自分が神秘の世界に足を踏み入れたことを確認する。

初めてのヨセミテ旅行で、ボクは運よくも雪が残るトンネルビューに辿り着いた。先ほどまでの眠気は吹っ飛び、カメラをセットするやシャッターを切りまくった。そのとき、誰かが背中をそっと気兼ねしながら叩くのに気がついた。なんだろう、と振り返ると、そこには世話になっているある会社の社長夫人が立っておられた。日本からのお客様をサンフランシスコからの日帰り観光バスで案内されての途中でボクを見つけられたのだ。お互いに「なんで？」「ここで？」と笑い合ったが、しかしボクは睡眠不足のヒゲ面で、大いに恐縮してしまったのを思い出す。知り合いに会ったのは、後にも先にもこれが初めてだったが、ヨセミテは交通の便に恵まれ、公園内に泊まらなくても簡単に日帰りでやって来れるのだ。

冬のヨセミテでは、しばしば予期しない動物たちの歓迎に出会う。観光客の多い夏場は人目を避けて出てこない彼らも、餌の少ない冬場はすぐ手の届きそうなそばまで寄ってくるのだ。ボクはこのコヨーテのために、ナショナルパークの掟を1つ破ってしまった。それは「動物に餌を与えてはならない」というものだ。ボクが投げたハム・サンドウィッチをひと口で飲み込んだこのコヨーテは、しばらくボクのそばから離れなかった。彼は決してボクに友情を感じたのではなく、単にもうひと切れのハムが欲しかっただけなのに、でもボクはとても嬉しかった。

ボクは冬のヨセミテに魅入られたジョン・ピアナビラという男を知っている。大男のジョンは、ランドクルーザーで毎年2月の末にサンタクルーズからやって来る。ジョンはプロのカメラマンではないが、車の屋根には大型のジッツオの三脚を積んで、どこから見ても堂々たるプロのいでたちだ。

ジョンの本業は建築屋だ。工事現場で金をためてヨセミテにやって来るのである。ジョンにははっきりした写真撮影の目的があった。それは2月の末の1週間だけ、角度によって日没の太陽がエル・キャピタンに反射して流れ落ちる雪解け水を黄金に染めるのだ。その瞬間をとらえたある雑誌の写真がジョ

ンの撮影意欲を駆り立てた。しかしヨセミテはときには意地悪だ。

日没には決まって霧を作り、カメラマンのひそかな願いを打ち砕く。昨年はボクもジョンに付き合い日没を待ったが、しかし太陽は最後まで微笑んでくれなかった。ジョンから便りが届いた。「今年も2月の末1週間ヨセミテロッジを予約した」と。

歓喜の季節

「ヨセミテの谷からは、四季それぞれの歌が聞こえてくる」と誰かが言った。

夏、歓喜の季節。雪解けの水が瀑布となって流れ落ちると、その音に眠りを覚まされたごとく木々の葉が輝き生き物たちが一斉に歌い出す。

秋、喧噪の夏が終わり、草原が黄金色に輝くとき谷に静寂が訪れ、空気までが薄く張りつめてくる。心寂しいセレナーデの音楽だ。

そして冬、山々に雪が降り、神々の訪れを待つかのように谷は眠りにつく。あんなに賑やかだった谷から人々の姿が消え、山はモノトーンの世界に変わり、その森は動物たちに返される。そしてまた春、雪解けを待ちかねるように生命の芽吹く季節が巡る。

ヨセミテ国立公園は、ナチュラリストで「アメリカ国立公園の父」と呼ばれるジョン・ミューアーと写真家アンセル・アダムスの有名な写真でアメリカで最も人気のある国立公園の1つだ。

車でサンフランシスコ（５時間）やロスアンジェルス（７時間）から簡単にアクセスできるので、混雑のため夏場は自家用車は乗り入れ禁止でシャトルバスを利用しなければならない。そんな理由からヨセミテへの旅はこれまで冬が多かった。しかし冬場は雪のために閉鎖される道路もあって、夏場しか行けないグレイシャーポイントからの雄大な眺めや、バーナル滝の豪快な瀑布にいつも後ろ髪ひかれていた。

ゲートシティ、フレスノから国道41号を北上すると一面梅の花や菜の花の甘酸っぱい匂いが心を和ませてくれる。その花の季節が終わるとヨセミテに忙しい季節が訪れる。初夏のヨセミテは満ち溢れる光に輝き、雪解けの水は至る所に滝を作り、その水しぶきが谷全体を優しく包み込んでいた。その滝の中でも、ハーフドームの裏側にあるバーナル滝と、その上にあるネバダ滝は、手頃なハイキングコースで豪快な景観とともに人気がある。冬の間はトレイルが閉鎖されるので夏しか登ることはできないが。トレイルは下流のバーナル滝までが往復約４・８キロ、その上にあるネバダ滝までが約11・３キロ。標高差５７０メートルで、そのままジョンミュアー・トレイルからハーフドーム・トレイルへと続き、ハーフドームの頂上まで登ることができるが、ここまで行くにはかなりの体力と、まる１日がかりの時間が必要になる。

トレイルの出発は、カーリー・ビレッジの先にあるハッピー・アイルの駐車場から始まる。マーセッド川を見ながら、初めはダラダラとした上りが続くが、トレイルの分岐点からミスト・トレイル（霧のトレイル）に入ると、上りは急になり、ごう音を響かせて落下する水しぶきを浴びながら、滑る岩場を一歩一歩前進する。そして最後の岸壁を鉄柵に掴まりながら登り切るとバーナル滝の頂上だ。ここでひと息ついて流れ落ちる滝つぼを眺めると、先ほどまでの苦労も忘れてしまう。

しばし休んで濡れた衣類が乾くと、今度はもっと厳しい上りのネバダ滝への挑戦だ。ここからの急坂が、このトレイルの正念場になる。水を飲みながら休憩する回数が急に増える。軽装の若者たちに追い越されながら、思うように動かなくなった年取った自分の体を恨めしく思いながらも、しかし一歩一歩前進する。山登りには見栄も外聞もない。自分の体力を信じて前進するか、または諦めて後退するか、なんだか人生とよく似ている。先ほど颯爽と追い抜いていった、バンダナを額に巻いた真新しい登山靴の若者を頂上近くで追い抜いた。そして目指すネバダ滝がすぐ近くに迫ってきた。山の上は乾いた風が流れ、額の汗に心地よかった。雪解けの冷たい水に火照った足を浸すと、体の芯までが癒されるみたいだった。

山を下りて、今度はグレイシャーポイントまで車で一気にかけ登った。ハーフドームに連なる山々がパノラマに広がり、ゆっくりと色を変えて夕日とともに沈んでいく。先ほど登ったバーナルとネバダ滝を眼下に望み、持ってきた缶ビールを開け1人で乾杯する。山に来て一番幸せな時間。ハーフドームの向かい側に立ち上った入道雲が早くも夏の訪れを告げていた。

30

モノ・レイク、インヨー国立森林公園（カリフォルニア州）

Mono Lake Inyo National Forest, California

湖の呪い

ヨセミテ国立公園のすぐ東部に位置するモノ・レイクはアメリカで最も古い湖の1つで、しかも最も危険な湖の1つといわれている。

1941年、人口増加で水不足にあったロスアンジェルス市は、このモノ・レイクから水を引く計画を立てた。湖の水かさが減ると中から石灰岩の体積物が現れてきた。そしてこの堆積物は大気汚染の発生源となり計画は中止された。モノ・レイクの湖床の水は海の水の3倍もある濃い塩水でそこにはエビの一種のブラインシュリンプ、ハエや特殊な藻だけが生息しており、その周りに生息している鳥たちはこの水では生きられず死骸があちこちに散乱している。

さてこんな不思議な死の湖も朝夕のひととき、えもいわれぬ美しい姿を見せてくれるときがある。朝焼けを撮りに出かけたあるとき、身震いするほどの怖い朝焼けに遭遇した。太古の昔からこの湖の底に眠っていた神々が人間によって引き出され、その怨念が湖の上に渦巻いているかのような朝焼けだった。あのときは本当に怖かったな。湖の中に引き込まれそうな恐怖を感じたのだった。

カリフォルニア州を南北に縦断するシエラネバダ山脈は、アメリカ本土（アラスカを除く）で一番高いマウント・ホイットニー（Mt. Whitney, ４４１８メートル）を頂点に雪を冠った4千メートル級の山々が連なっている。

その中にはヨセミテをはじめ、レッドウッドやセコイア・キングス・キャニオンなどアメリカの代表的な国立公園や森林公園を有し、自然主義者で作家のジョン・ミューアが創始した自然保護団体「シエラクラブ」もここから始まった。

このインヨー国立森林公園の中にあるモノ・ベイスン（盆地）はヨセミテ国立公園のすぐ西側に位置し、西側のシエラネバダ山脈と東側のロッキー山脈に挟まれ、ネバダ砂漠からの熱気とシエラネバダ山脈からの冷たい空気が入り交じった独特の乾いた気候を作り出している。

この中にある湖はモノ・レイクと呼ばれ湖の底から出てきた不思議な石灰岩のフォーメーションに、近年、世界中から見学客が訪れるようになった。

シエラネバダ山脈の東側を走る国道３９５号は、美しい山並みの風景を楽しませてくれるハイウェイだ。この３９５号線をネバダ州のレノからロスアンジェルスへと南下すると、途中の街道沿いには画廊や洒落たレストランのある小さな町が点在し、疲れた旅に憩いを与えてくれる。

　東側からヨセミテ国立公園へアクセスできるのはこの３９５号線から、夏の間だけオープンしている１２０号線だけで、その下に位置するセコイア&キングス・キャニオン国立公園へは東側からアクセスする道路はなく、シエラネバダ山脈の西側を走る国道5号線のフレスノ市まで戻らなければならない。文字どおりカリフォルニアの広大なバックカントリーが広がっている。モノ・レイクの人気はカメラマンたちによって広められたといってもよい。湖底から出てきたタファと呼ばれる石灰岩の固まりは、まるで自然が作り出した彫刻みたいで格好の写真のモチーフとなったのである。

　モノ・レイクの名前の由来は以前ここに住んでいたネイティブアメリカンの呼び名から始まり、76万年前にできたといわれる北米で一番古い湖は、海水の10％以上の濃度をもち、湖底から湧き出る水が炭酸と化学変化を起こし固まって、今でも石灰岩の結晶を作り出している。湖水はアルカリ性のため普通の魚は生息できず、生物は小さなエビの一種が生息するだけで、春先になるとアルカリ・ハエが大発生して岸辺を真っ黒に埋め尽くす。そして渡り鳥が羽を休める中継点でもある。

しかしのどかだった湖は、１９４１年、ロスアンジェルス市の人口増加のためにカリフォルニア州がモノ・レイクから給水を始めると干涸び、湖底からこの不思議な形の石灰岩の固まりが出現してきた。この石灰岩のフォーメーションはそれまで湖底でひっそりと沈黙を守っていた湖の精霊たちが人間たちによって白日の下晒され、悲痛な叫びを上げているようにも見える。そして人々が湖の保護の必要性に気づき、給水を止めたのは40年も経ってからで、しかし一度干上がった湖はそう容易には元に戻ることはできない。

　ボクは朝日の写真を撮るために真っ暗いうちに起き出して湖へと向かった。暗黒と静寂の中、まるで墓場を歩いているような不安な気持ちに襲われると、いきなり足元の藪から夜鷹が飛び立った。静寂を破る突然の羽ばたきに、心臓が胸を突き破って飛び出すのではないかと思うくらい高鳴り、恐怖心に足は引きつった。

薄明かりに目をすかすと石灰岩の固まりが、まるで黒い湖に佇む骸骨たちに見えてきた。そしてその物言わぬ何百の目がボクの背中を射抜き、人間たちの非業を責めているような気がした。やがて東の空が赤く染まってくると、まるで血の色みたいな朝焼けが始まった。こんなどぎつい色の朝焼けは見たことがなかった。湖が人間の非業を呪っているのだろうか。自然の営みは時々不可思議な現象を見せる。人間の行き過ぎたおごりに対する忠告かもしれない。

31

キャニオン・ド・シェイ国定公園

Canyon de Chelly National Monument, Arizona

（アリゾナ州）

蜘蛛女の伝説

「フォーコーナー」と呼ばれる場所がある。

コロラドとユタ、アリゾナ、それにニューメキシコの4州が接する境界地点だ。

グランドサークルと呼ばれる国立・国定公園エリアを含むコロラドプラトゥーの赤い大地はこの「フォーコーナー」を起点に広がり、メサベルディーやモニュメントバレー、グランドキャニオンなどの雄大な国立公園が軒を連ねる。

これらの土地にはネイティブアメリカン（ナバホ族）が住み着くずっと以前に、アナサジと呼ばれる高度な文明を持った先住民が住み、その住居跡は今でも険しい岩壁に残されている。

現代文明から取り残されたようなこのナバホの赤い土地を歩くと、まるでタイムスリップして別の惑星に迷い込んだような不思議な気持ちにさせられる。

　コロラドのデュランゴ空港から国道１６０号線を西にフォーコーナーへ向けて車を走らせると、折しも真っ黒な空から白い雪が舞い始めた。雪はしだいに激しくなって視界を遮り、運転できなくなったボクは道端に車を停めて、雪が止むのを待つことにした。小一時間もすると雪は止み、気温が上がって、今度は霧になった。赤い土地は白く雪化粧してまるで映画の中のワンシーンみたいに、インディアンが馬にまたがり出てくるのではないかと思わせるような美しい景色が広がった。土産物売りの粗末な小屋が並ぶフォーコーナーに着くと観光客の姿はなく、入場料を徴収するナバホの女が時間を持て余して１人座っているだけだった。ボクは４つの州を示す標識の上をまたぎ証拠の写真を撮ると、また車に飛び乗った。

　国道１６０号をこのまま西に進むとジョン・フォードの西部劇で有名なモニュメントバレーに出る。モニュメントバレーはナバホ・トライバル・パークが正式名、今でもナバホインディアンの統治区でアメリカ政府の管轄外だ。この観光地化したモニュメントバレーの近くに、キャニオン・ド・シェイ（Canyon de Chelly）と呼ばれる同じナバホインディアンの里がある。キャニオン・ド・シェイは１６０号線から今度は１９１号線を南に50マイルほど下ったところで、もうこれ以上は行き場がないといった峡谷の中に、現代から取り残されたようにひっそり佇んでいた。切り立った岩壁が両サイドから迫り、禿げ鷲が舞う1本の道が砂塵を巻きながら果てしなく続いていた。

ビジターセンターからサウスリムドライブを通りキャニオンの頂上に立つと、息をのむ景観が眼前に広がった。深く侵食した谷底にはくねくねと小さな川が流れ、両側は切り立った岩の壁が高く長く立ちはだかっていた。この峡谷の中には今でも20戸あまりのナバホ族が住んでいる。

彼らの最初の祖先は紀元前にこの峡谷に移ってきたアナサジで、以来種族もプエブロ族、ホピ族、そして現在のナバホ族と変わった。それぞれの種族が刻み込んだ歴史は今でもここに残っている。ホワイトハウスと呼ばれる住居跡遺跡は、洪水から守るために切り立った岩壁の中腹にあった。これはプエブロ族が12～13世紀にかけて建築したとされるが、彼らは旱魃《かんばつ》のために忽然とこの地を立ち去り、代わって移住したホピ族も長く居着かず、１７００年代に移ってきたナバホ族が現在まで住み着いている。

切り立った岩に作られたトレイルを伝い、谷底のホワイトハウスまで下りていくと、帰り支度をしていたナバホ族の土産物売りの男と仲良くなった。帰りは彼のトラックに乗せてもらい、峡谷の底を流れる浅い川底を通ってサウスリムドライブまで帰ってきた。男はフェニックスの高校に通う息子の自慢話をした。

「ここに住むのはもうおれで最後だよ。子供たちには違った生活をさせるんだ」。車で6時間かけて息子のフットボールの試合を応援に行くのが一番の楽しみだという。

サウスリムドライブの終点は「スパイダーロック（蜘蛛岩）」を見下ろす高台になっていた。スパイダーロックとは細い2本の岩で、800フィートはあろうかと思うような2本の岩が谷底からニューッと突っ立っている。土産物売り場の男はスパイダーロックにまつわるナバホ族の古い話をしてくれた。

この岩には「スパイダーウーマン（蜘蛛女）」が住んでいて、それは今でもここに住むナバホ族の神様として信じられている。ナバホの子供たちは「悪いことをするとスパイダーウーマンが降りてきて、襲われて岩の上で食べられるぞ」と親から脅かされて育ったという。

「スパイダーウーマンは全知全能の神様で、ナバホ族の生活に関する多くの神を作った。地球、太陽、月、星、雨、人、動物……。だからナバホの人たちは生きるための全てを大切にし、また尊敬する習慣をこのスパイダーウーマンから学ぶことができたんだ」

雪が止んで、低い雲の切れ目から太陽が覗いてスパイダーロックを照射した。スパイダーウーマンは虹に乗り、岩から岩を飛び歩いたという。太古の話はここでは今でも現実味をおびて響いてくる。ナバホの里には昔と変わらない、ゆっくりした時が流れていた。

32

アーチーズ国立公園

Arches National Park, Utah

（ユタ州）

真夜中のアーチであわやの転落事故

ユタ州にあるアーチーズ国立公園は地下の岩塩層の上にできた自然が作った大彫刻である。赤い岩は年月とともに風化され美しくまた荒々しく見るものを圧倒する。

一番の見所は丘の上にあるデリケートアーチだ。約1時間のハイキングで急な岩場を登り切ると目にも鮮やかに赤い岩のアーチが現れる。そして沈みゆく夕日に照らされたその美しさはいつまでも色褪せない思い出となって心に残るだろう。

ところで数年前の真夜中、デリケートアーチの上を流れる天の川を撮影するために真夜中にこの登山道に登ったボクは道に迷い、あやうく遭難しかけたことがある。何度もこの岩場を登っていたので、すっかり油断した心の緩みが大事故を招くところだった。

バランスロックで天の川とのよいコラボ写真が撮れたので満足したのもつかの間、他のカメラマンにデリケートアーチと天の川の写真を見せられてもう一度デリケートアーチに登ることにした。天の川がアーチにかかるのは真夜中頃と聞いて、欲張ってサンセットを他の場所で撮影し、デリケートアーチの登り口に着いたのはもう10時を回る頃だった。１人で懐中電灯を頼りにまっ暗い登山道を登り始めたのだが、すぐに道に迷いあやうく遭難しかけてしまった。しかし下山してくる人がいて大声で助けを求めると、なんとハイキング道を１００メートル近くもそれてしまっていて、あやうく崖下に転落直前だったのである。昨日明るいときに登って道を憶えているという油断から、自然を甘く見てしまっていたのだ。夜、山道で遭難する人の気持ちがわかった。疲れとパニックが同時に襲ってきて理性が働かなくなってくるのである。それでもまた気を取り直して登り出し、そしてデリケートアーチに着いたのはもう零時に近い頃で2時間もかかってしまっていた。

汗と泥まみれになりながら空を見上げると、天の川がアーチの上にかかっていた。思わずガッツポーズ！　これは執念の１枚だ（口絵参照）。

33

デスバレー国立公園

Death Valley National Park, California

（カリフォルニア州）

死の谷の温泉は天国気分

砂丘を撮影するために月の光を頼りに、まだ暗い夜道を登り朝日が昇るのを待った。身も焦がすかと思われた昼間の灼熱も、猛烈な砂嵐の夜も終わり、朝の光とともに神々しいほどの荘厳が辺りを包んだ。生き物の存在を否定するような過酷な自然は、しかしときとして言葉にならないくらいの美しさで見る者を圧倒する。やがて姿を現した真っ赤な太陽は見事な早さで風が作った波紋の一筋一筋を浮かび上がらせていく。風と砂の彫刻を太陽が演出した砂漠の芸術。デスバレーが一番美しく輝くひとときだ。

「デスバレー（死の谷）」、名前が示すように、ここには生を拒否するようなむき出しの自然と、反対に人々を魅了して止まない美しさが同居している。デスバレーのいわれは１８４９年、ゴールドラッシュまで遡る。

一攫千金を夢見て男たちの一団がこの谷を越えてカリフォルニアへ行こうとしたが、地獄の暑さと食料不足などが重なって危うく遭難しかけ、やっと助かった一行の１人が谷を振り返り叫んだ「Goodby, Death Valley」。

この言葉がそのまま名前になったといわれる。

デスバレーの夏は灼熱の猛暑地獄で、これまでの最高気温は１９１３年７月に５日間も摂氏50度以上の日が続き、うち１日は摂氏56・７度に達した。１９２２年、サハラ砂漠で記録した57・０度に次いで、世界で２番目の記録を持っている。最近では１９９６年、40日以上も50度以上の気温を記録した猛暑の夏がある。国立公園に指定されたのは１９９４年とまだ新しいが、ラスベガスから約３時間で行ける地の利と、変化に富んだ地形や気象条件で人気を誇っている。

公園の中心部はホテルやレストラン、それに本物のゴルフ場と温泉まであるファーナス・クリークだが、デスバレーで有名なゴルフ場は「デビルズ・ゴルフコース（悪魔のゴルフ場）」の方だ。塩の結晶が見渡す限り続くでこぼこのゴルフ場は、名前のとおり悪魔たち以外にプレーすることはできそうにない。

その南側にはバッドウォーターと呼ばれる塩分の濃い干涸びた真っ白な塩の平原、海抜マイナス85・2メートルという西半球の最低地点があり、ここを訪れる人たちが一度は立ち止まる有名スポットになっている。

　過酷な自然はときとして常識では考えられないような不思議な現象を生み出す。公園の北部にあるスコッティズ・キャッスル（Scotty's Castle）の手前から入るバック・カントリーのレーストラック・バレーロードを約45キロほど下ると、湖が干涸びてできた広い平坦な湖底に突き当たる。

　この広場は不思議な小石のレース場になっていた。小石たちは目に見えない長い時間をかけて動き回り、泥の上にレースの後の車の轍のような長い軌跡を残している。

「どうして？　なぜ？」。この不思議な光景に首をか

しげずにいられない。この小石がどうして泥の上を動くのか正確に解明されていないが、急激な温度差と強風、それに水分を含んで餅みたいに粘り気のある泥が収縮して重い石を動かすのではないかといわれている。しかしそんな科学的根拠はここでは必要ない。じりじり照りつける太陽に焼かれながら小石たちのレースの軌跡を眺めていると、現実から遊離して違う宇宙に来たような気分にさせられる。そして時間に追い立てられるように生活しなければならない人間社会のせちがらさも、しばし忘れさせてくれるのである。

　砂漠の熱気も日が落ちると大分過ごしやすくなる。砂にまみれた汚れを落とすには公園の中にある高級ホテル、ファーナス・クリーク・インが一番便利だが、しかし公園の隣町にある温泉は安くて、日本の銭湯気分で入れる。公園の北東部、ネバダ州側にあるビティの町から５マイルほど北に上がったところにあるのがベイリーズ温泉。小さなＲＶのパーキングになっていて、素朴で小さな温泉場だ。そして公園の南、カリフォルニア側にあるのが、ショショニー（Shoshone）とテコパ（Tecopa）温泉で、ここはラスベガスからも近くて割と設備も整っていて食事持参で１日中温泉を楽しむ家族連れも目につく。温泉は両方ともミネラル泉で、浴室は全て個室なので水着がなくても大丈夫。日本の温泉とは比べものにならないほど質素だが、それでも砂漠で入る温泉は格別だ。

34

モニュメントバレー・ナバホ・トライバル・パーク（ユタ州、アリゾナ州）

Monument Valley Navajo Tribal Park, Utah and Arizona

東へ行こうかそれとも西か、旅は気任せ足任せ

コロラド、ニューメキシコ、ユタ、そしてアリゾナ州を結ぶのがフォーコーナーだ。ここは見渡す限りの赤い土地、その中にそそり立つビュート（残丘）。ここに立てばまるで西部劇の世界が広がる。馬にまたがったインディアンに出会いそうな不思議な気分にさせられるのである。

フォーコーナーをあとにキャニオン・ド・シェイ（Canyon de Chelly）から南に走ると化石の森国立公園（Petrified Forest National Park）、西に行くとモニュメントバレー（Monument Valley）だ。この辺りはどちらに向かっても赤い荒野で、その中に果てしなく細い道路が続い

ている。ボクはしばらく迷ってから進路を西のモニュメントバレーへととった。
道の両側にそびえるビュートを眺めながらのドライブは、遥か昔の先住民たちの世界、未知との出会いへの期待で自然と心が昂まってくる。ここはアメリカ合衆国にありながら、今でもナバホ族が権利を持つ居留地で、彼らが管理・運営する独立したナバホインディアンの土地だ。正式名は「モニュメントバレー・ナバホ・トライバル・パーク」で、アメリカの国立公園には含まれない。

メキシカンハットの町を過ぎ、長い荒野のドライブが終わると目の前に、ジョン・フォードの映画で有名になった3つの大きなビュートが現れる。その凄まじいまでの大きさと美しさは、誰もが立ち止まり息を飲まずにおられない。そして憧れの映画の地に足を踏み入れた実感に、少年のころ感じたのと同じ興奮が蘇ってくるのである。

モニュメントバレーには以前は1つだけロッジがあった。数年前に公園入り口にビューホテルができてもっと便利になったが、ボクはバレーの遠景が望めるグールディングス・ロッジの方が好きだった。そして毎日早起きして丘の上から朝日の昇るのを待った。静かな大地と向かい合うと、ビュービューと頬に当たる風までが、遥か時間を越えた精霊たちのつぶやきに聞こえてくる。

東の空がピンクに染まり、朝の光が一番高いビュートを赤く染めて上がってきた。そのてっぺんから、足元へ、まるで野火が枯れた草を焼き尽くしていくように、赤く色が変わっていく。朝の光はなおもスピードを上げて荒漠たる原野を走り抜けていった。ビュートの1つ1つが光に命を与えられたかのように輝きを放ち、バレーでは人々が忙しく動き始める新しい1日がまた始まった。

ビジターセンターの入口にはナバホの土産物屋が並び、公園前の広場ではナバホのツアーのガイドたちが客引きに懸命だ。公園内には全長約17マイルの未舗装のバレードライブが走っている。バレー内にはナバホ族が暮らす住居も点在し、立ち入り禁止区域も多いので短い滞在だったら少々お金を払ってもガイドを頼むのが賢明だ。

彼らは観光客の希望を心得ていて、映画のシーンと照らし合わせながら、4輪駆動のジープでバレードライブを走り回ってくれる。この谷が一番美しくなるの

は朝夕のひとときで、宿泊は公園に一番近いザ・ビューホテルかグールディングス・ロッジを確保したい。ここを逃すと近くに宿泊施設はなく、約25マイル離れたメキシカンハットかケイエンタになる。バレーの日の出を見るにはかなり早起きしなければならず、大変だ。

ザ・ビューホテルは最近できた公園の入口にあるホテルで、値段も高い。グールディングス・ロッジには博物館があり、ジョン・フォードの映画の全てが展示されている。『バック・トゥ・ザ・フューチャー』『フォレスト・ガンプ』などもここで撮影されていて興味深かった。

モニュメントバレーではアルコール類の販売は禁止されている。車で通り過ぎた他の町で、昼間から酔っぱらったナバホの男の姿を見てボクは納得した。アメリカ合衆国は彼らの土地と引き換えに年金を与えた。しかし働かなくても食べられるようになった彼らの多くがアルコールに走った。ナバホ族の誇りも伝統も今はアメリカナイズされ、忘れ去られようとしている。

ガイドのアレンは生粋のナバホインディアンだが、ボクの質問に自嘲するかのごとく両肩をすぼめてみせた。外国に住むボクらが日本に帰ったときに感じる、よき伝統が廃れていくあのどうしようもない寂しさをアレンも憂いているに違いない。

涙ののぞき窓

ボクは絵はがきで見たチアードロップ・ウィンドー（涙ののぞき窓）が気になっていた。1

日中走り回ったバレーの中にはそれらしき岩は見られなかったからだ。ガイドに雇ったアレンに聞くと、その岩はグールディングス・ロッジの裏山にあるという。日が沈む前に岩山に登った。倒れかけた大きな岩が涙型の隙間を作り、絵はがきの写真と同じく、その穴から遠く公園内のビュートが眺められた。誰が名付けたか、チアードロップ・ウィンドー。これは変わりゆくナバホを憂う先住民たちの涙なのか、沈みかけた光に赤く照らし出された涙岩は、１人旅をますますセンチメンタルにさせた。

35 グランドキャニオン国立公園

Grand Canyon National Park, Arizona

（アリゾナ州）

親友になった大峡谷

大峡谷（グランドキャニオン）との出会いはボクがまだ中学生のときだった。音楽の時間にグローフェの『大峡谷』（Ferde Grofé 1892～1972年）を聞いたのが始まりだった。一時期ボクはこの音楽に傾注した。

音楽の中から夜明けの空の色を想像し、風の音を聞き、雷に身をすくめ。そしてミュール（ロバと馬の雑種）に乗って谷底まで旅をした。それは全てが想像の世界だったけれど、心の中には何枚もの風景写真となって新鮮に焼きつけられていた。やがてカメラマンとなりアメリカへ来たボクは、あるときラスベガスから日帰りでグランドキャニオンまでドライブをした。

そしてそのとき見た風景は長い間心の中にしまっておいた風景より、もっと強烈にボクの心を叩いたのだった。

グランドキャニオンはアメリカ合衆国を代表するランドマークの1つだ。世界中から毎年450万人の観光客が訪れる。大型バスが観光客を吐き出すと人々は展望台から写真を撮り、またそそくさとバスに乗って移動していく。これもグランドキャニオンを楽しむ1つのパターン。ハイヒールでもやって来れる国立公園である。しかし何度かこの峡谷の上に立つうちに、ボクの心の中にはいつしか谷底まで下りてグローフェの音楽で感じたあの〝大峡谷〟を見たいという考えが大きく膨らんできていた。これまでいろんな国立公園を回ったが（アメリカ58カ所を全踏破）、しかしこのグランドキャニオンはそんなボクをいつもせせら笑っているような気がした。自分の足で実際に峡谷の谷底を踏むまでは、この大峡谷を踏破したことにはならないのだ。

グランドキャニオンは谷底を流れるコロラド川を挟んで、ノースリムとサウスリムに分かれている。観光客の9割が交通の便が良いサウスリムを訪れる。このサウスリムからは、2カ所のトレイルが谷底まで下りている。

ブライトエンジェル・トレイル（Bright Angel Trail）15・7キロとサウス・カイバブ・トレイル（South Kaibab Trail）11・1キロだ。谷底にはキャンプ場とロッジ・ファントムランチ

(Phantom Ranch) がある。ここでは2段ベッドのドミトリー・キャビンがあり、食事や飲み物のサービスも受けられる。問題は徒歩で行くか、ミュールに乗るかだが、しかしボクの心の中は初めから決まっていた。自分の足でこの大峡谷に挑戦することだ。

下りは急勾配だが距離の短いカイバブ・トレイル（登山道）を行くことにした。このトレイルは水飲み場がないから、全て自分で運ばねばならない。カメラ機材と水ボトルの重さが足場の悪いトレイルで疲労を倍加させた。

山登りで一番怪我しやすいのは上りよりも下りである。普段使わない足の筋肉に膝がガクガク笑う。それでもなんとか4時間半でコロラド川の川縁にあるファントムランチに到着することができた。持ってきた水ボトルはとっくに底をつき、ロッジに辿り着くなり貪るように飲んだ。冷えたレモネードが疲れた体に生気を取り戻してくれた。そして冷たいコロラド川に足を浸して、下から眺める遥か高くそびえ立つ峡谷に、今度は上りの過酷な旅が思いやられるのだった。

翌日は朝4時半起床。簡単な朝食のあと、日が昇る前にロッジを出発した。このブライトエンジェル・トレイルは、カイバブ・トレイルほど急ではないが距離がある。そして日が昇ると疲れは倍加して襲ってきた。昨夜2段ベッドに隣り合わせた家族がボクと前後して歩いていた。

10歳になるかならないかの幼い少年と母親が先頭を歩き、少し年長の少女が真ん中、父親は一番重いリュックを背負い、後ろからみんなを見守るように歩いている。この兄妹は家族のチームワークと、水や食物の大切さ、それに自分の体を守る方法を実践で学んでいるのだろう。彼らが成長して大人になったとき、どんな人間になるか想像できた。ボクはこの家族のリーダーである若い父親が羨ましかった。

砂漠の太陽は真上に位置し、容赦なく照りつける。喉の渇きはいくら水を飲んでも止まらない。そして頂上のブライトエンジェル・ロッジまであと4キロのところにある休憩所まで辿り着くと、ここで精根尽き果ててしまった。

後はもう恥も外聞もない。少し歩いては休み、崩れるようにへたり込む。残り少ない水ボトルをなめるようにしてまた登る。毎年何人もの人が動けなくなってレンジャーの世話になるという屈辱感が目の前にちらついた。

頭から足の先まで汗と土埃で汚れ、見るも無惨な姿になった。しかしついに執念で頂上に辿り着いた。下りが4時間半。上りは8時間かかった。くねくねと続く今登ってきたトレイルを上から眺めて初めて言い知れない感慨が襲ってきた。

人生には時々避けて通れないことがある。人は馬鹿なことと笑うかもしれないが、自分に課した約束を守るための自分との闘いが必要なときがある。ボクはぼろぼろになりながら大峡谷に挑戦した。そして今大峡谷がボクに微笑んでいる。

英語のヘタな写真馬鹿ジャパニーズと「やっと親友になれたね」と。

36

ピナクルズ国立公園

Pinnacles National Park, California

（カリフォルニア州）

人生最後の挑戦！

自分で言うのもはばかられるが、これまでの69年の人生で一番誇れるのはアメリカの国立公園58カ所を７年かけて全部踏破（２００４年）して写真集を出すことができたことである。しかしその後も国立公園は増え続け、２０１３年に新しい国立公園がカリフォルニアに誕生して59カ所になった（２０２３年現在63カ所に増える）。ボクはこの公園へ行ってもう一度自分の記録を更新するかどうか迷っていた。それは４月で69歳になり、そして健康だった自分の体に初めて赤信号が灯ったからだった。春の健康診断で心臓に異常が見られたことだった。年とともに体力はだんだん衰えていくばかりだった。このまま58カ所の踏破に満足して人生を終わるか、もう1カ所新しく制定された59カ所目の国立公園を踏破して自分の記録を59カ所に伸ばすか……。

もう写真集も出版できたことだし、このままでいいのではとも思ったのだが、この1カ所の差がだんだんと自分の挑戦欲を掻き立ててきたのであった。

そしてもう1つの理由があった、その頃国立公園の上を流れる天の川の写真撮影にすごく惹かれていた。体が動かなくなる前にもう一度やってみよう。アメリカ59番目の国立公園、ピナクルズを訪問することとその上を流れる天の川の撮影の誘惑に抗しきれなくなっていた。

これが人生最後の挑戦になるだろう、このアメリカ大陸横断の最後の旅のためにボクは車をクライスラー社のタウン&カントリーというバンに替えた。この車は後部座席が床下に折りたたまれて収まり床がフラットになるので、そこに小さなベッドを置いて疲れたら仮眠をとることができる。

フロリダを6月17日に出発した。長い長い、国道10号線を西へと進む。アラバマ州のモービルからニューオーリンズを過ぎテキサス州に入る。そしてアリゾナ州に入ったところで異常な熱波が襲ってきた。熱波の中ようやくカリフォルニア州に入り、まずジョシュワツリー国立公園へ向かう。ここで最初の天の川の写真を撮る予定だった。日が沈んでも暑さは弱らない。しかしなんとか夕焼けと天の川を撮影して、次の日、目標のピナクルズ国立公園へと向かった。ここも暑かった。念願のピナクルズ国立公園の看板の前で59カ所目の証拠写真を撮って日が沈むのを待つことにしたが、暑さのために人の姿もない。こんなに苦労してやってきたのにあまり感慨は湧いてこなかった。

　さてこれからどちらへ向かうか、涼しいヨセミテ国立公園かデスバレーか？　結果はすぐに出た。ヨセミテは人でごった返し、車の乗り入れも制限されている

ようだった。反対にデスバレーは暑さのために人はいなかった。ボクはピナクルズから、デスバレーへと向かった。6月20日、デスバレーでは52・2度を観測した。この公園はもう何度も来ていて様子はわかっていたが、しかしこの暑さはなんだ？　ボクは公園の外にあるビーティーという街に宿を取り、公園南部のバッドウォーターまでドライブして、まずデビルズ・ゴルフコースの夕焼けと、そのまま夜中まで居座って天の川を撮ることにした。車のエンジンはかけっぱなしで天の川を撮るためにカメラをセットし、また冷えた車内へ逃げ帰る。真夜中を過ぎても気温は45度から下がらなかった。この暑さの中で車のエンジンが止まったら――。

次の日はもう動けなかった。

モーテルで1日中休み、最後の日は朝4時起きで砂丘の日の出に挑戦した。そして撮影を終えて砂丘を下りるとき、心臓の動悸が激しくなり痛みが襲ってきた。思わず砂の上に座り込むとそこに小さな毒蛇がいた。毒蛇はボクに言った。

「今オレに噛まれて死ぬか、自力で歩いて生き延びるか、どちらを選ぶ？」。ボクは必死で立ち上がり車のところまで歩き出した。そして這々の体で死の谷を脱出したのだった。

もう写真などどうでもよかった。こんなことをしていたら死んじゃうな？　初めて死の恐怖が襲ってきた。そしてラスベガスとの中間地点にあるテコパ温泉に辿り着いた。この温泉はデスバレーに来るたびに立ち寄り、今回も旅の予定に入れていたところだった。そして温泉に飛び込みここで天国を味わったのである。生き返った！
旅はまだ続く。ここで少し元気になったのでグランドキャニオンへ行こうかとも思ったが、もう体力が続きそうになかった。そこでアンテロープキャニオンとモニュメントバレーに立ち寄り、ここでまた天の川を撮り、今度は国道40号線を東に向かう。そしてやっとの思いでフロリダの自宅に辿り着いたのは旅に出てから21日目の７月７日、全走行距離は１万２千キロを超えていた。

フロリダに帰りすぐに心臓医の診察を受けた。インド人の女医さんはボクのＭＲＩ写真を見て「よくこの心臓の状態でこんな旅ができましたね。血管の１つが塞がっているから、すぐにスティンツを挿入して血管を開かなければならない」。手術は成功し１日入院しただけで家に帰れることになった。心配した友人が病院まで迎えにきてくれた。これまで自分の健康を過信していたきらいがあった。

69歳、もういいだろう。初めてこの自分の年齢に納得した。そしてこれまでかすんでいた日本帰国が、また心の中に蘇ってきたのであった。

いろいろな旅をしてきたが、今回ほど苦しい旅はなかった。もうこれで十分。これを最後に挑戦の旅は終わりにしよう。自分の人生に悔いはない。皆さんの励ましの言葉が元気に変わりました。ありがとうございました。

37

アセンズ

Athens, Tennessee

（テネシー州）

写真馬鹿と日食、2017年8月21日

〝写真馬鹿〟とは自分みたいな人間を言うのだろう。目の前に魅力的な被写体があるともう我慢できない。この日食の撮影に行く1カ月前（2017年7月17日）、心臓の調子が悪くて血管にスティンツを挿入する手術をしたばかりだったのに、以後心臓の痛みもなくなり、一生のうちに何度もやって来ないこの日食の撮影のチャンスにもう我慢ができなくなったのだった。行くか行くまいか最後まで迷ったあの日の〝日食〟の撮影。結局天気予報を見てテネシー州のアセンズが快晴でフロリダから車で2日かけてドライブしたのだった。

最初はサウスカロライナの方が近いのでサウスカロライナ地方の天気を見たのだが、どうも

曇りの予報でせっかく行って曇っていたらどうしようもない。それで北のテネシーの方がずっと安心だろうと判断して、少し遠いがテネシー州チャタヌーガ近郊のモーテルを探した。運よく日曜日と月曜日の2日間予約が取れて荷物をまとめ、土曜日にフロリダ・ターンパイクに乗って北へ向かう。モーテルに到着しても休む暇なく、撮影に最適な場所を探すために地図を見ながら車を走らせた。

　そして最終的に見つけた場所はテネシー州アセンズという街だった。日食になる月曜日、この小さな街は人々で埋まった。誰もがこの世紀の一大ショー皆既日食の到来に向けて興奮していた。そして月曜日の午後、太陽がだんだんと月に隠されて周りが暗くなり光のリング状になったとき、人々の歓声の声が響き渡った。来てよかった。大

自然が織りなす最高のショー。もう生きている間にこんな素晴らしい天体のショーを見ることはないだろう。周りの見ず知らずの人たちと肩を叩き合い喜び合ったのだった。

〝写真馬鹿〟の自分をこのときは褒めてやった。

２０１７年８月のことだった。

38

国立公園の旅、天の川とコロナ禍との闘い

『さようなら、アメリカ！　そして39年間有難う！』

前項の灼熱の国立公園の旅のあと心臓に異常が見つかり、その後の検診で他にもいろいろ悪いところが見つかった。自分の健康には絶対の自信を持っていただけに、不安はどんどん膨らんでいった。長い間の肉食生活や不摂生が一番の原因だと思われたが、ついに言葉のわかる日本の医者に診てもらうために日本に帰る決心をした。

そして２０２０年３月、家財を整理してデルタ航空の国際便を予約したのだったが、その計画は世界中を震撼させつつあった〝コロナ〟という悪魔によって延期させられてしまった。予約した便はキャンセルになり頭の中で夢見ていた日本の美味しい食事と温泉巡りの旅が儚くも

消え去ったのだった。

航空券の払い戻しはできなかったが、クレジットが残ったので運行が再開すればいつでも再予約ができた。最初は「なーに数カ月も辛抱すれば――」と軽く考えていたのが間違いだった。新しいコロナの悪魔は消え去るどころかますます強烈な恐怖を撒き散らしていった。みんなが戦々恐々とし、ワクチン接種とこれまでマスクなんかしたこともなかったアメリカ人がマスクをして街を歩く。

ボクはすでにフロリダのアパートを売ってしまっていたので緊急策として、カリフォルニア州のパーム・スプリングスの知人宅にしばらく置いてもらうことにして、フロリダからカリフォルニアまでまた長い10号線をドライブした。パーム・スプリングスに着いて数週間過ぎたが、しかし状況は変わらない。そこで住居を長期滞在型のホテルに移し、ここでコロナが落ち着くまで長居をする決心をした。クヨクヨ考えたってなるようにしかならないんだ。持って生まれた性格がこんなときには役に立つ。

ロスアンジェルスとサンディエゴの中間辺りに位置するここパーム・スプリングスという町は高台にあり、年中乾いた砂漠特有の気候だ。ここでは男子プロゴルフの「ボブ・ホープクラシック」（2011年まで）、女子プロゴルフの「ダイナ・ショアトーナメント」（現シェブロン選手権）などが開催されていて、スポーツカメラマン時代は毎年取材に来ていたからよく知っていた。

この長期滞在型ホテルもゴルフの取材でよく泊まったのだったが、今回このホテルに2年半も滞在するなんて考えてもいなかった。しかし心の隅にこのコロナ禍で日本に帰れなくなったことを少しだけ喜ぶ自分がいた。それはアメリカでまだ撮り残していた写真があったからだ。それは国立公園とその上を流れる天の川だった。

少年の頃、夏になると海の上に天の川が流れていたのをよく憶えている。その同じ天の川がアメリカの国立公園の上にも流れていた。最初天の川の撮影に挑戦したのは住んでいたフロリダのエバーグレーズ国立公園だったが、何しろフロリダは湿気が高く雲が多くてなかなか快晴の夜になるのは難しかった。

そこでYouTubeなどで勉強して天の川撮影に最適な場所を探し出すと、このパーム・スプリングスの近くにあるジョシュアツリー国立公園が最高の地の利にあった。これまでここでの撮影に2回挑戦したが、しかしなかなか満足のいく写真はできなかった。暗黒の空に流れる天の川の撮影には特別なカメラ機材と撮影テクニック、それと撮影後のコンピュータによるレタッチ技術が必要だったが、自分のテクニックはまだまだ劣っていたのだった。そして試行錯誤の挑戦が続いた。

天の川が見える季節は3月から9月末までで、そのうち一番はっきりと見えるのは毎月、満月が過ぎて月明かりが消える新月の約1週間である。この街に移り住んでから夕方陽が沈む頃から車で山に登り、天の川との悪戦苦闘を繰り返した。1年が過ぎた5月のある夜、今度は違う山に登った。

陽が沈むと遥か遠く稜線の上に天の川が水平に昇ってきた。それまでの自分だと慌てて撮影にかかるのだったが、その夜は違った。「慌てるな！　まず楽しもう」と自分に言い聞かせた。時間はたっぷりとあった。心地よい風が頬を撫で、遥か西側の谷間から街の灯りがうっすらと広がっている。

ときたまコヨーテの遠吠えが聞こえる。昼間の人影は消え、この広い天空を流れる天の川の下には今や自分が1人いるだけ。するとこれまでの旅が走馬灯みたいに蘇ってきた。初めて国立公園に魅せられたあの旅！　クマたちの森でキャンプをしたあの旅！　オーロラに出会ったあの旅！　フロリダの湿地帯で出会った鳥たち！　どれもが素晴らしい思い出となり今ではどれもが自分の人生の1ページとなっている。そしてもう1つ、天の川がアメリカ最後の思い出の旅に加わろうとしていた。

その夜、初めて天の川と一体になれた気がした。明け方にホテルに戻りひと眠りしてから今度はコンピュータで昨夜撮影した写真をレタッチする。撮影の回を重ねるうちに天の川がだんだん自分でコントロールできる被写体となってきた。長い間試行錯誤してきた天の川がやっと

コロナ禍の2年あまり、天の川への挑戦が挫けそうな自分を支えてくれた。
そしてこの山での最後の天の川が日本行きを祝福してくれた。

自分の手の中に収まってきたのである。

それから新月が来ると毎回違う場所に移動して天の川を撮り続けた。しかし9月末になると、天の川は地平線から垂直の角度になり、そして10月から約半年間見えなくなる。この半年が問題だった。先行きのわからないコロナ禍での生活。友人もいない安ホテルでの生活。日本に帰れないもどかしさが心の病となって襲いかかるようになった。

気の合う友だちと大声で日本語で話したい。日本の美味しいご飯を食べたい。日本の温泉に入りたい。日本を恋いる気持ちがだんだん抑えきれなくなっていった。

そして、待ちに待った日がやってきた。

２０２２年10月11日、コロナ鎖国から解放された。日本政府が外国人の入国制限を大幅に緩和し、航空便の運行が再開したのだ。

「日本に帰れる！」

言葉にならない喜びが体中を走った。そして帰国の準備に取りかかった。11月5日、ロスアンジェルス発羽田行きが予約できた。料金は2年前の倍以上に値上がりしていたが、そんなことはどうでもよかった。本当に日本に入国できるのか？　その不安の方が大きかった。羽田での入国検査はことのほか厳しかった。コロナの予防接種証明のために長い列に並んだ。それが終わりパスポートに入国スタンプを押す税関の係官がボクの顔を見て微笑んだ。

「お帰りなさい！」

それは39年間のアメリカ生活が終わり、新しい日本人としてのスタートの時だった。カズ・タカハシから高橋和男へ戻る時だった。

さようならボクのアメリカ。そして友達。

39年間のアメリカ滞在から日本へと帰ります。
日本の皆さん年齢を重ねた浦島太郎をよろしく。

２０２２年11月１日

カズ・タカハシ　高橋和男

天の川撮影で登り心の友となった山へ、ボクは最後の挨拶に行った。それは20歳のとき、交通事故で挫折した自分を拾い上げ、こんなにも強い体と素晴らしい写真人生を与えてくれた自衛隊への感謝の挨拶でもあった。

＊すでに印刷の準備に入っていた作業を一時中断して、この文章を追加していただくことになりました。関係者の方に感謝いたします。

2024年1月1日の能登半島地方を襲った地震から、そしてニュースで見るその被害の大きさに心が締めつけられる。

能登はボクにとって第2の故郷といってもいい。20歳のとき自衛隊に拾われ、そこで写真と出会った。除隊後写真で生活したかったが、そんなの無理だった。食っていくために、自衛隊での同期の友人の故郷である七尾市大泊で漁師をすることになった。

そこの番屋で寝泊まりしながら漁船に乗り毎朝漁に出た。ポケットには小さなカメラを忍ばせ、最初は怒られるのを覚悟で恐る恐るシャッターを押していたが、やがて漁師のおじさんたちがボクを仲間と認めてくれたのか、笑顔でカメラに応えてくれるようになったのだ。約1年半の能登半島での漁師生活の後、ボクは幸運にも失業保険をもらいに行った東京で新聞社のカメラマンの職を得ることになった。

その能登半島で撮った写真によって、銀座のキヤノンのサロンでカメラマンとして初めての写真展を開くことができた。それからアメリカに渡り、その能登の写真は、2度目の日の目を見ることになった。フロリダにあるモリカミ博物館で3ヶ月の長期に渡り写真展を開くことができたのである。
一昨年、年取って日本に帰ってきたボクは、死んだら自分の灰は能登の海に撒いてもらおうと考えていたのだった。ここの海はボクにとって、生まれ故郷である鹿児島県長島と同じ海。

地震の被害に遭われた皆さんにどんな言葉をかけたらいいか、暖房の効いた部屋でこの文章を書いている自分に言えることではないが、今はただただお祈りを捧げるだけです。皆さん、どうか負けないで。

〈著者紹介〉

カズ・タカハシ（高橋 和男）

1948年鹿児島県長島生まれ。

1969～1972年、陸上自衛隊勤務301写真中隊（現・第301映像写真中隊）で写真を習う。

新聞社のカメラマン勤務の後1983年渡米、スポーツカメラマンとして主にアメリカのスポーツ取材。

1997年より米国の国立公園と野生動物の撮影に入る。

2004年８月、７年がかりで全米56カ所の全国立公園踏破（現在63カ所）と20あまりの国定公園、動物保護区を撮影。写真集、写真展（日本、米国）など多数。

2022年11月、39年間の米国滞在を終え、日本へ帰国。現在に至る。

写真馬鹿《しゃしんばか》、アメリカを撮《と》る。
―国立公園《こくりつこうえん》と野生動物《やせいどうぶつ》を追《お》いかけて―

2024年2月15日　第1刷発行

著　者　　カズ・タカハシ
発行人　　久保田貴幸

発行元　　株式会社 幻冬舎メディアコンサルティング
〒151-0051　東京都渋谷区千駄ヶ谷4-9-7
電話　03-5411-6440（編集）

発売元　　株式会社 幻冬舎
〒151-0051　東京都渋谷区千駄ヶ谷4-9-7
電話　03-5411-6222（営業）

印刷・製本　中央精版印刷株式会社
装　丁　　新井国悦

検印廃止

Printed in Japan
ISBN 978-4-344-69010-3 C0026
幻冬舎メディアコンサルティングＨＰ
https://www.gentosha-mc.com/